한눈에 보는
신약 성경

한눈에 보는 신약 성경

New Testament

이영훈 지음

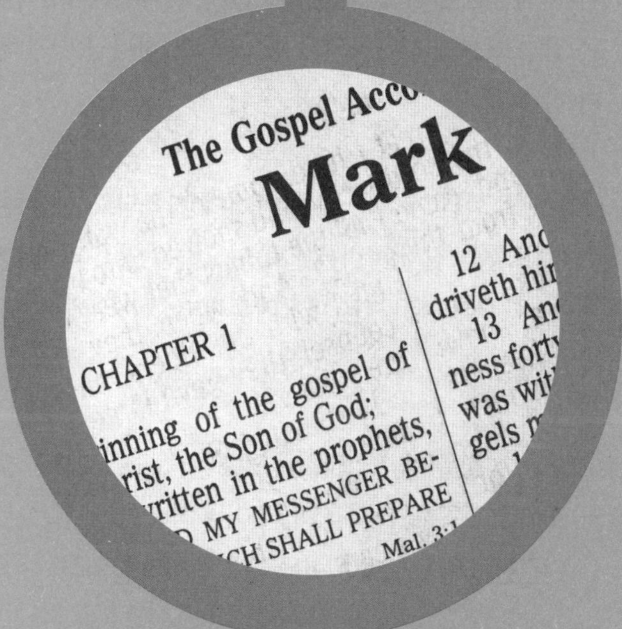

서울말씀사

성경 교육 교재를 펴내며

누구든지 예수님을 믿으면 구원을 받고 하나님의 자녀가 됩니다. 하지만 구원을 받은 것이 신앙의 전부는 아닙니다. 우리는 이미 받은 구원을 삶 속에서 이루어 나가야 합니다. 하나님은 우리가 영적으로 성장하여 예수님을 닮은 모습으로 살아가기를 원하십니다. 그러므로 우리는 말씀을 통해 하나님의 뜻을 깨닫고, 하나님이 기뻐하시는 삶을 살아야 합니다.

특히 교회의 제직은 말씀 안에서 변화되고 성장하는 것이 중요합니다. 성도들을 섬기고 바른길로 인도하는 영적 리더로서 믿음의 본이 되어야 하기 때문입니다. 디모데후서 3장 16절에서 17절은 다음과 같이 말씀합니다.

> "모든 성경은 하나님의 감동으로 된 것으로 교훈과 책망과 바르게 함과 의로 교육하기에 유익하니 이는 하나님의 사람으로 온전하게 하며 모든 선한 일을 행할 능력을 갖추게 하려 함이라"

하나님의 말씀은 단순한 지식이 아니라 우리의 인생을 변화시키는 위대한 생명의 능력입니다. 날마다 말씀을 읽고 묵상하고 공부하여 하나님의 뜻을 깨닫고, 그분의 말씀대로 살아갈 때 우리는 비로소 온전한 하나님의 사람이 될 수 있습니다.

이를 위해 본 교재는 성경 66권을 체계적이고 명확하게 이해할 수 있도록 성경 각 권의 구조와 중심 메시지, 핵심 내용을 정리하였습니다. 또한 절대 긍정, 절대 감사와 관련된 질문을 추가하여 순복음 신앙의 핵심을 깨달을 수 있도록 구성하였습니다. 이 교재를 통해 성경의 전반적인 내용을 배우고, 말씀의 능력을 체험하며, 더욱 깊은 신앙으로 나아가기를 소망합니다.

부디 이 교재를 사용하는 모든 분이 말씀과 동행하며, 삶 속에서 성령의 열매를 풍성히 맺고, 예수님을 닮아가는 믿음의 여정을 걸어가시기를 간절히 기도합니다. 하나님의 크신 은혜와 평강이 삶 가운데 늘 함께하시기를 바랍니다.

여의도순복음교회
담임목사 이영훈

Contents

머리말 _ 4

I. 복음서(4권)

마태복음 _ 10
마가복음 _ 26
누가복음 _ 40
요한복음 _ 54

II. 역사서(1권)

사도행전 _ 70

New Testament

III. 서신서(21권)

로마서 _ 88
고린도전서 _ 100
고린도후서 _ 114
갈라디아서 _ 126
에베소서 _ 136
빌립보서 _ 144
골로새서 _ 152
데살로니가전서 _ 160
데살로니가후서 _ 168
디모데전서 _ 176
디모데후서 _ 186
디도서 _ 196
빌레몬서 _ 204
히브리서 _ 210
야고보서 _ 220
베드로전서 _ 230
베드로후서 _ 238
요한일서 _ 246
요한이서 _ 254
요한삼서 _ 260
유다서 _ 266

IV. 예언서(1권)

요한계시록 _ 276

부록 _ 294

I. 복음서

마태복음 | 마가복음 | 누가복음 | 요한복음

마태복음 *Matthew*

"왕으로 오신 메시아 예수, 하나님 나라를 선포하다"

NOTE

1. 들어가며

마태복음은 주후 60-70년경 마태가 유대인을 대상으로 기록한 것으로, 예수님이 하나님의 아들이자 이스라엘의 왕으로서 인류를 위해 오신 분임을 보여준다. 이 복음서는 예수님의 삶과 사역이 구약의 예언을 성취했다는 것을 보여줌으로써 구약과 신약을 연결하는 중요한 역할을 한다.

2. 한눈에 보기

마태복음은 전반부(1-10장)에서 예수님의 탄생과 공생애 사역을, 후반부(11-28장)에서는 예수님에 대한 배척과 십자가 고난, 죽음, 부활을 통한 구원의 완성을 다룬다. 특히 마태는 예수님의 가르침을 다섯 개의 묶음(산상수훈, 제자 파송 설교, 천국 설교, 공동체 설교, 종말 설교)을 체계적으로 정리하여 하나님 나라와 제자의 삶을 강조한다.

3. 중심 메시지

1) 메시아 예수와 구원의 완성: 하나님은 구약에서 메시아를 보내 구

NOTE

원을 이루실 것을 약속하셨고, 그 약속은 예수 그리스도를 통해 성취되었다. 예수님은 십자가에서 인류의 죄를 대신하여 죽으시고 부활하심으로 구원의 길을 여셨다.

2) 믿음과 제자의 삶: 예수님은 제자들에게 천국 백성으로 살아가는 삶의 원리를 가르치신다. 산상수훈을 비롯한 가르침을 통해 믿음, 순종, 용서, 사랑, 섬김의 본질을 제시하시며, 참된 제자는 이를 실천하는 자임을 강조하신다.

3) 하나님의 나라와 확장: 예수님은 공생애 동안 하나님의 나라를 선포하시고, 비유와 기적을 통해 그 특징을 나타내신다. 또한 승천하시기 전에 제자들에게 땅끝까지 복음을 전하라는 지상명령을 주신다.

4. 구조

<table>
<tr><th colspan="2">구분</th><th>범위</th><th>주요 내용</th></tr>
<tr><td rowspan="3">왕으로 오신 예수 (1-10장)</td><td>예수의 탄생과 사역 준비</td><td>1:1-4:11</td><td>예수의 족보와 탄생, 침례, 광야에서의 세 가지 시험</td></tr>
<tr><td>하나님 나라의 선포와 제자 훈련</td><td>4:12-7:29</td><td>공생애 사역의 시작, 산상수훈 (천국 백성의 삶과 윤리)</td></tr>
<tr><td>기적과 가르침을 통한 하나님 나라의 확장</td><td>8-10장</td><td>병자 치유, 여러 가지 기적들, 제자 파송</td></tr>
<tr><td rowspan="3">왕 되신 예수의 고난과 부활 (11-28장)</td><td>하나님 나라의 비유와 예수에 대한 배척</td><td>11:1-16:12</td><td>침례 요한의 질문, 바리새인들과의 논쟁, 천국 비유, 기적과 경고의 말씀</td></tr>
<tr><td>예수의 고난 준비</td><td>16:13-20:34</td><td>베드로의 신앙고백, 변화산 사건, 여러 가지 교훈들</td></tr>
<tr><td>예수의 고난과 부활</td><td>21-28장</td><td>성전 정화, 종교 지도자들과 논쟁, 마지막 때에 대한 교훈, 최후의 만찬, 십자가 죽음, 부활과 지상명령</td></tr>
</table>

NOTE

5. 내용 분석

1) 마태복음 1-10장 | 왕으로 오신 예수

(1) 예수의 탄생과 사역 준비(1:1–4:11)

① 예수의 족보와 탄생(1-2장)

• 예수의 족보(1:1-17)

마태복음은 예수님의 족보로 시작한다. 이는 혈통을 중요하게 생각했던 유대인들에게 예수 그리스도가 다윗의 후손으로 오신 왕이자 메시아이심을 보여주기 위함이다. 마태는 예수님의 족보를 통해 예수님이 아브라함에게 약속된 축복을 이루고, 다윗의 후손으로서 영원한 왕위를 계승하시는 분임을 강조한다.

• 예수의 탄생(1:18-2:12)

예수님은 성령으로 잉태되어 마리아에게서 탄생하신다. 이는 "보라 처녀가 잉태하여 아들을 낳을 것이요 그의 이름을 임마누엘이라 하리라"라는 이사야 7장 14절의 말씀이 성취된 것이다. 동방 박사들은 별을 따라 예루살렘으로 와서 유대인의 왕이 탄생하셨음을 알리고 아기 예수님을 찾아가 경배한다.

• 애굽 피난과 나사렛 정착(2:13-23)

헤롯왕은 유대인의 왕으로 오신 예수님을 두려워하여 베들레헴의 두 살 이하 사내아이들을 학살한다. 그러나 하나님은 요셉에게 천사를 보내어 애굽으로 피신하도록 지시하시고, 헤롯이 죽은 후 다시 돌아오게 하신다.

NOTE

마태복음 2장 11절을 적어보세요.

② 예수의 침례(3장)

침례 요한은 광야에서 "회개하라 천국이 가까이 왔느니라"라고 외치며 침례를 베푼다. 예수님은 공생애를 시작하시기 전 요한에게 침례를 받으신다. 침례 후 하늘이 열리며 성령이 비둘기같이 내리고, 이어 하늘에서 "이는 내 사랑하는 아들이요 내 기뻐하는 자라"라는 하나님의 음성이 들린다.

마태복음 3장 16-17절을 적어보세요.

③ 광야에서의 시험(4:1-11)

예수님은 성령에 이끌려 광야로 가셔서 40일 동안 금식하신 후 사탄의 시험을 받으신다. 사탄은 '돌들이 떡덩이가 되게 하라', '성전 꼭대기에서 뛰어내리라', '내게 엎드려 경배하라'라고 시험하지만, 예수님은 사탄의 시험을 말씀으로 물리치신다.

마태복음 4장 10절을 적어보세요.

NOTE

(2) 하나님 나라의 선포와 제자 훈련(4:12-7:29)

① 공생애 사역의 시작(4:12-25)

침례 요한이 잡힌 후 예수님이 "회개하라 천국이 가까이 왔느니라"라고 하시며 복음을 전파하신다. 한편, 시몬 베드로와 안드레, 세베대의 아들 야고보와 요한을 제자로 부르신다. 이후 갈릴리에서 다니시며 가르치시고 복음을 전파하시며 병자들을 고치시는 3대 사역을 시작하신다.

마태복음 4장 23절을 적어보세요.

② 산상수훈: 천국 백성의 삶과 윤리(5-7장)

예수님은 많은 무리가 모여들자 산으로 올라가 제자들에게 천국 백성의 삶의 원리를 가르치신다. 이 말씀은 산상수훈이라고 불리며, 하나님 나라의 백성으로서 가져야 할 윤리와 규범이 포함되어 있다.

• 팔복과 율법의 완성(5장)

예수님은 여덟 가지 복을 통해 하나님 나라 백성이 가져야 할 마음 자세와 삶의 태도를 가르치신다. 예수님의 가르침은 율법을 폐하려는 것이 아니라, 오히려 그것을 온전히 이루는 데 목적이 있다. 또한 하나님 나라 백성에게 세상의 소금과 빛이라는 사명을 맡기시며, 겉으로 드러나는 행위뿐만 아니라 마음의 순결함을 강조하신다. 특히 형제에게 노하기를 더디하고 원수를 사랑함으로써 하나님 아버지의 온전하심과 같이 온전해지라고 말씀하신다.

• 기도와 신앙생활(6장)

예수님은 위선적인 신앙을 경계하며 은밀한 중에 계시는 하나님께

NOTE

기도하라고 가르치신다. 또한 '주기도문'을 통해 성도들이 마땅히 드려야 할 기도의 모범을 보이신다. 이어 하나님의 나라와 의를 먼저 구하라고 말씀하시며, 물질로 인해 염려하지 말고 하나님을 신뢰할 것을 강조하신다.

• **두 가지 길과 반석 위에 세운 집(7장)**

예수님은 남을 비판하지 말고 먼저 자신의 허물을 살피라고 가르치신다. 또한 구하고 찾고 두드리는 자에게 하나님이 반드시 응답하실 것을 약속하신다. 이어 좁은 문과 넓은 문의 비유를 통해 생명으로 인도하는 문이 좁고, 그것을 찾는 사람이 적다는 사실을 말씀하신다. 좋은 나무와 나쁜 나무의 비유에서는 거짓 선지자들을 그들의 열매로 분별하라고 가르치신다. 마지막으로 반석 위의 집과 모래 위의 집 비유를 들어 하나님의 말씀을 듣고 실천하는 삶의 중요성을 강조하시며, 오직 하나님의 뜻대로 행하는 자만이 천국에 들어갈 수 있다고 말씀하신다.

마태복음 7장 24절을 적어보세요.

(3) 기적과 가르침을 통한 하나님 나라의 확장(8-10장)

① 병자 치유 1(8:1-22)

예수님은 나병 환자를 깨끗하게 하시고, 중풍병에 걸린 백부장의 하인을 말씀으로 치유하신다. 또한 열병에 걸린 베드로의 장모를 낫게 하시며, 예수님께 나아오는 모든 귀신 들린 자들과 병자들을 고치신다.

NOTE

마태복음 8장 13절을 적어보세요.

② 여러 가지 기적들(8:23-34)

예수님은 풍랑을 잠잠하게 하시며 자연을 다스리시는 권세를 보이신다. 또한 거라사 지방에서는 귀신 들린 두 사람을 치유하시는데, 그들에게 들어간 귀신들이 돼지 떼에 들어가 바다에 빠져 몰살당하는 일이 일어난다. 이는 예수님이 단순한 치유자가 아니라, 악한 영들까지도 복종하게 하시는 하나님 나라의 권능을 가지신 분이심을 보여준다.

마태복음 8장 27절을 적어보세요.

③ 병자 치유 2(9장)

예수님은 중풍병자의 병만 고치신 것이 아니라 그의 죄까지 용서하신다. 회당장 야이로의 딸을 살리러 가시던 길에 한 혈루증을 앓는 여인이 예수님의 겉옷 가를 만짐으로써 치유 받는다. 이어 예수님은 야이로의 딸을 살리시고 두 맹인과 귀신 들려 말 못 하는 사람을 고치신다. 이로 인해 예수님에 대한 소문이 더욱 널리 퍼지게 된다.

마태복음 9장 13절을 적어보세요.

NOTE

④ 제자 파송(10장)

예수님은 열두 제자를 부르시고 복음을 전파하며 병을 고치고 귀신을 내쫓는 권능을 주신다. 제자들에게 핍박을 각오하고 복음을 전할 것을 명령하시며, 끝까지 견디는 자가 구원을 얻을 것이라고 말씀하신다. 또한 예수님의 제자를 영접하는 자에게 상급이 있을 것이라고 약속하신다.

마태복음 10장 1절을 적어보세요.

2) 마태복음 11-28장 | 왕 되신 예수의 고난과 부활

(1) 하나님 나라의 비유와 예수에 대한 배척(11:1–16:12)

① 침례 요한의 질문(11장)

감옥에 갇힌 침례 요한은 제자들을 예수님께 보내어, 자신이 기다리던 메시아가 정말 예수님이신지를 물어본다. 이에 예수님은 현재 행하시는 치유 사역과 복음 전파 사역을 통해 하나님 나라가 임했음을 증거하신다. 또한 요한을 위대한 선지자로 칭찬하시며, 천국에서는 가장 작은 자라도 그보다 크다고 말씀하신다. 이어 예수님은 수고하고 무거운 짐을 진 자들을 초대하시며, 자신에게 와서 쉼을 얻으라고 말씀하신다.

마태복음 11장 6절을 적어보세요.

NOTE

② 바리새인들과의 논쟁(12장)

바리새인들이 안식일에 제자들이 밀 이삭을 잘라 먹은 일을 문제 삼아 예수님을 비난하자, 예수님은 인자가 안식일의 주인임을 선언하신다. 또한 귀신을 쫓아내시는 기적을 사탄의 능력이라 치부하는 그들에게 성령을 모독하는 죄는 용서받을 수 없음을 경고하신다. 그들은 표적을 보여주기를 요구하지만, 예수님은 요나의 표적 외에는 어떠한 표적도 주지 않겠다고 말씀하신다.

마태복음 12장 12절을 적어보세요.

③ 천국 비유(13장)

예수님은 씨 뿌리는 자, 가라지, 겨자씨와 누룩, 감추인 보화 등의 비유를 통해 하나님 나라를 가르치신다. 씨 뿌리는 비유는 말씀을 듣는 사람들의 다양한 반응을, 가라지 비유는 최후의 심판을 의미한다. 겨자씨와 누룩 비유는 하나님 나라의 성장성을, 감추인 보화와 진주 비유는 하나님 나라의 가치가 가장 크다는 것을 강조한다.

마태복음 13장 45-46절을 적어보세요.

④ 기적과 경고의 말씀(14:1-16:12)

예수님은 떡 다섯 개와 물고기 두 마리로 오천 명을 먹이시고 열두 광주리가 남는 기적을 행하신 후 바다 위를 걷는 기적을 보이신다. 종교 지도자들이 전통을 근거로 예수님을 비난하자 예수님은 그들의 외식을 책망하시고, 제자들에게 바리새인과 사두개인의 누룩, 곧 그들의 잘못된 가르침을 조심하라고 경고하신다.

NOTE

마태복음 15장 8-9절을 적어보세요.

(2) 예수의 고난 준비(16:13-20:34)

① 베드로의 신앙고백(16:13-28)

예수님은 가이사랴 빌립보에서 제자들에게 "너희는 나를 누구라 하느냐"라고 물으신다. 이에 베드로는 "주는 그리스도시요 살아 계신 하나님의 아들이시니이다"라고 고백한다. 예수님은 베드로의 믿음 위에 교회를 세울 것이며 음부의 권세가 이기지 못할 것이라 말씀하신다. 그리고 처음으로 자신의 십자가 고난과 부활을 예고하신다.

마태복음 16장 16절을 적어보세요.

② 변화산 사건(17장)

예수님은 베드로, 야고보, 요한과 함께 높은 산에 올라가시고, 그곳에서 모습이 변하며 빛이 난다. 모세와 엘리야가 나타나 예수님과 대화하고 하늘에서 "이는 내 사랑하는 아들이요 내 기뻐하는 자니 너희는 그의 말을 들으라"라는 음성이 들린다. 이후 갈릴리에서 예수님이 두

NOTE

번째로 십자가 고난과 부활을 예고하신다.

마태복음 17장 5절을 적어보세요.

③ 여러 가지 교훈들(18-20장)

예수님은 어린아이와 같은 겸손한 자가 천국에서 크다고 하시며, 실족하게 하는 자를 경고하고 잃은 양의 비유로 하나님 아버지의 사랑을 강조하신다. 형제를 끊임없이 용서할 것을 말씀하시고, 영생을 구하는 부자 청년에게는 재물보다 하나님을 우선하라고 가르치신다. 또한 부자가 천국에 들어가는 것이 낙타가 바늘귀로 들어가는 것보다 어렵다고 하시며, 구원은 오직 하나님의 은혜로 가능하다고 말씀하신다. 포도원 품꾼의 비유를 통해 은혜는 사람의 판단과 다름을 강조하시고 고난과 부활을 다시 예고하시며 참된 제자는 섬기는 자임을 가르치신다.

마태복음 20장 28절을 적어보세요.

(3) 예수의 고난과 부활(21-28장)

① 성전 정화(21:1-22)

예수님은 예루살렘에 입성하신 후 성전에서 장사하는 자들을 내쫓으며 "내 집은 기도하는 집이라 일컬음을 받으리라"라고 선언하신다. 이는 성전이 상업적 이익의 장소로 변질된 것을 책망하신 것이다.

NOTE

마태복음 21장 13절을 적어보세요.

② 종교 지도자들과 논쟁(21:23-23:39)

예수님은 성전에서 바리새인과 서기관들의 도전을 받으신다. 그들은 예수님의 권위를 시험하려 했으나, 예수님은 비유를 통해 그들의 불순종을 책망하신다. 또한 '하나님 사랑'과 '이웃 사랑'이 온 율법과 선지자의 핵심 강령임을 가르치시며 율법을 수단으로 외식하는 종교 지도자들을 강하게 꾸짖으신다.

마태복음 22장 37-40절을 적어보세요.

③ 마지막 때에 대한 교훈(24-25장)

예수님은 성전 파괴와 종말의 징조에 대해 말씀하신다. 전쟁과 기근, 거짓 선지자들의 출현이 있을 것이나, 끝까지 견디는 자는 구원을 얻을 것이다. 열 처녀 비유, 달란트 비유, 양과 염소 비유 등을 통해 영적으로 깨어있어야 함을 강조하시고 마지막 심판 때 하나님 나라에 합당한 자가 누구인지 가르치신다.

마태복음 24장 42절을 적어보세요.

NOTE

④ 최후의 만찬(26장)

예수님은 유월절 만찬에서 제자들과 떡과 잔을 나누시며, 자신의 몸과 피로 세운 새 언약을 선포하신다. 또한 제자 중 한 명이 자신을 배반할 것을 예고하시자 제자들이 당황한다. 만찬 후 겟세마네 동산에서 기도하셨고, 가룟 유다의 배신으로 군병들에게 체포되신다.

마태복음 26장 28절을 적어보세요.

⑤ 십자가 죽음(27장)

예수님은 빌라도에게 재판을 받으신 후 로마 군인들에게 조롱과 채찍질을 당하시고 십자가에 못 박히신다. 정오부터 어둠이 임하고, 예수님은 "나의 하나님, 어찌하여 나를 버리셨나이까"라고 부르짖으신다. 숨을 거두시자 성전 휘장이 위에서부터 찢어지고, 이를 지켜본 로마 백부장은 "이는 진실로 하나님의 아들이었도다"라고 고백한다.

마태복음 27장 46절을 적어보세요.

⑥ 부활과 지상명령(28장)

안식 후 첫날, 막달라 마리아와 다른 여인들이 무덤을 찾아왔고 천사가 그들에게 예수님의 부활을 알린다. 부활하신 예수님은 제자들에게 나타나셔서 "모든 민족을 제자로 삼아 아버지와 아들과 성령의 이름으로 침례를 베풀고 내가 너희에게 분부한 모든 것을 가르쳐 지키게 하라"라는 지상명령을 주신다.

NOTE

마태복음 28장 19-20절을 적어보세요.

6. 절대 긍정, 절대 감사 Point

1) 절대 긍정의 믿음의 근거

예수님은 십자가에서 고난을 당하시고 죽음과 부활을 통해 하나님의 나라를 완성하셨다. 우리는 하나님 나라의 백성으로서 어떠한 어려움 속에서도 하나님의 선하신 뜻을 신뢰하며 낙심하지 않고 절대 긍정의 믿음으로 살아가야 한다. 또한 세상의 가치가 아닌 하나님의 말씀을 삶의 기준으로 삼아 사랑과 섬김을 실천하며 주님의 뜻을 이루는 삶을 살아가야 한다.

고난과 역경을 딛고 일어서는 삶을 살기 위해 우리가 실천해야 할 구체적인 행동은 무엇인지 적어보세요.

2) 절대 감사를 실천하는 삶

예수님은 십자가를 통해 참된 사랑과 순종의 본을 보여주셨다. 우리는 예수님이 베푸신 은혜를 기억하며 절대 감사의 태도로 살아가야 한다. 감사는 우리의 신앙을 더욱 굳건하게 하며, 하나님의 뜻을 이루는 삶의 원동력이 된다. 어려움 속에서도 감사하는 그리스도인은 믿음이

NOTE

흔들리지 않으며, 하나님과 동행하는 참 기쁨을 누리게 된다.

나에게 베풀어주신 구원의 은혜에 대한 감사의 기도를 적어보세요.

7. 과제

1) 마태복음을 공부하면서 가장 은혜받았던 성경 구절을 적어봅시다.

2) 마태복음 강의를 통해 깨달은 점을 구체적으로 적어봅시다.

8. 장별 핵심 내용

NOTE

1-10장 왕으로 오신 예수

1장 예수의 족보와 탄생

2장 동방 박사의 방문과 애굽 피난

3장 침례 요한과 예수의 침례

4장 광야 시험과 공생애 시작

5장 산상수훈: 팔복과 율법의 완성

6장 주기도문과 하나님 나라의 우선순위

7장 좁은 문, 반석 위의 집

8장 예수의 치유 사역과 풍랑을 잠잠하게 하심

9장 여러 가지 기적과 죄 사함의 권세

10장 열두 제자를 부르시고 파송하심

11-28장 왕 되신 예수의 고난과 부활

11장 침례 요한의 질문과 이 세대의 불신

12장 안식일 논쟁과 바알세불 논쟁

13장 하나님 나라의 비유들(씨 뿌리는 자, 가라지, 겨자씨 등)

14장 오병이어의 기적과 물 위를 걸으심

15장 장로들의 전통과 믿음의 중요성

16장 베드로의 신앙고백과 첫 번째 십자가 예고

17장 변화산 사건과 두 번째 십자가 예고

18장 교회 공동체의 삶과 용서

19장 결혼과 부자 청년의 이야기

20장 포도원 품꾼의 비유와 세 번째 십자가 예고

21장 예루살렘 입성과 성전 정화

22장 종교 지도자들과의 논쟁

23장 바리새인들의 위선과 일곱 가지 화

24장 마지막 때에 대한 예수의 예언

25장 열 처녀, 달란트, 양과 염소의 비유

26장 최후의 만찬과 겟세마네 기도

27장 예수의 십자가 죽음

28장 예수의 부활과 지상명령

마가복음 *Mark*

"고난의 종 예수, 섬김과 희생으로 하나님 나라를 이루다"

NOTE

1. 들어가며

마가는 주후 60–70년경 로마에 거주하던 그리스도인들을 위해 이 복음서를 기록했다. 당시 네로 황제는 로마 대화재의 책임을 그리스도인들에게 돌리며 극심한 박해를 가하고 있었다. 이러한 상황에서 마가는 고난받는 종으로서의 예수님을 강조하며, 그리스도인들이 고난 중에도 부활의 소망을 붙들고 믿음을 지킬 수 있도록 용기와 확신을 주고자 했다.

2. 한눈에 보기

마가복음 전반부(1:1-8:26)는 예수님의 능력과 사역을, 후반부(8:27-16:20)는 고난과 십자가의 길을 강조한다. 예수님은 갈릴리 지역을 중심으로 복음을 전파하시며 수많은 기적을 행하시고, 베드로의 신앙고백 이후에는 세 차례에 걸쳐 자신의 고난을 예고하신다. 이후 십자가에서 죽으시고 부활하신 후 제자들에게 온 세상에 복음을 전하라고 명령하신다.

3. 중심 메시지

1) 고난받는 종, 예수님: 예수님은 하나님의 아들이시며 영광스러운

메시아이지만, 인류의 죄를 대신 짊어지신 고난받는 종의 모습으로 이 땅에 오셨다. 예수님은 십자가에서 자신의 생명을 내어주심으로 인류를 구원하는 길을 여셨다.

2) 제자도와 십자가의 길: 제자들은 예수님의 부르심에 즉각 응답하며, 자기 십자가를 지고 예수님을 따를 것을 요구받았다. 믿음의 길은 편안함을 추구하는 것이 아니라 고난 속에서도 끝까지 하나님 나라를 향해 가는 여정이다.

3) 부활과 복음 전파의 사명: 죽음을 이기고 부활하신 예수님은 제자들에게 온 세상에 복음을 전하라는 사명을 맡기셨다. 모든 믿는 자들은 예수님의 절대 지상명령을 이어가야 한다. 복음은 모든 민족에게 전해져야 할 구원의 메시지이다.

4. 구조

구분		범위	주요 내용
고난의 종으로 오신 예수 (1:1-8:26)	예수의 등장	1:1-1:13	침례, 광야에서의 시험
	예수의 공생애와 사역	1:14-8:26	갈릴리 초기 사역, 금식과 안식일 논쟁, 갈릴리 후기 사역과 제자 파송, 권능과 기적을 통한 역사
종 되신 예수의 고난과 부활 (8:27-16:20)	고난 예고와 하나님 나라	8:27-10:52	베드로의 신앙고백, 변화산 사건, 귀신 들린 소년의 치유, 하나님 나라에 대한 가르침, 바디매오의 믿음
	예수의 수난과 죽음	11-15장	예루살렘 입성과 성전 정화, 지도자들과의 갈등과 마지막 때에 대한 가르침, 최후의 만찬과 겟세마네 기도, 십자가의 고난과 죽음
	예수의 부활과 영광	16장	예수의 부활, 선교 명령과 승천

NOTE

5. 내용 분석

1) 마가복음 1:1-8:26 | 고난의 종으로 오신 예수

(1) 예수의 등장(1:1–1:13)

① 예수의 침례(1:1-11)

마가복음은 침례 요한의 사역과 예수님의 침례로 시작된다. 요한은 회개의 침례를 베풀며 자신보다 더 크신 이가 오실 것을 예고한다. 예수님이 요한에게 침례를 받으실 때, 하늘이 갈라지고 성령이 비둘기처럼 내려오면서 "너는 내 사랑하는 아들이라"라는 하나님의 음성이 들린다.

마가복음 1장 11절을 적어보세요.

② 광야에서의 시험(1:12-13)

예수님은 성령에 이끌리어 40일 동안 광야에서 사탄에게 시험을 받으신다. 이 시험의 구체적인 내용은 기록되지 않았으며, 예수님이 들짐승들과 함께 계셨고 천사들이 예수님을 섬겼다고 간결하게 기록되어 있다.

마가복음 1장 13절을 적어보세요.

NOTE

(2) 예수의 공생애와 사역(1:14-8:26)

① 갈릴리 초기 사역(1:14-45)

침례 요한이 잡힌 후 예수님은 갈릴리에서 "회개하고 복음을 믿으라"라고 선포하며 사역을 시작하신다. 시몬, 안드레, 야고보, 요한을 제자로 부르시고, 가버나움의 회당에서 귀신을 쫓아내시며 많은 병자를 고치신다.

마가복음 1장 15절을 적어보세요.

② 금식과 안식일 논쟁(2:1-3:6)

예수님은 중풍병자를 고치시며 죄 사함의 권세를 나타내 보이신다. 세리 마태를 부르시고, 죄인들과 식사하시며 바리새인들의 비판을 받으신다. 이후 안식일에 관한 논쟁이 이어지며 예수님과 바리새인들 간의 갈등은 점점 깊어지고, 결국 바리새인들은 예수님을 제거하려는 계획을 세운다.

마가복음 2장 17절을 적어보세요.

③ 갈릴리 후기 사역과 제자 파송(3:7-6:29)

예수님은 갈릴리에서 병자들을 치유하시고 열두 제자를 세우신다. 하나님 나라에 대한 비유들을 가르치시며, 바람과 바다를 잠잠하게 하

NOTE

시고 귀신 들린 자를 치유하신다. 그러나 고향 나사렛에서는 배척을 받으신다. 이후 제자들을 둘씩 보내시며, 복음을 전하고 귀신을 쫓아내며 병자를 고치는 권능을 주신다. 한편, 침례 요한은 헤롯의 생일날 죽임을 당한다.

마가복음 6장 12-13절을 적어보세요.

④ 권능과 기적을 통한 역사(6:30-8:26)

예수님은 오병이어의 기적을 통해 많은 사람을 먹이시고 바다 위를 걸으시며 바람을 멈추게 하시는 기적을 행하신다. 또한 이방 지역에서도 사역하시며 수로보니게 여인의 딸을 고치시고, 사천 명을 먹이시는 기적을 행하신다. 이어 앞을 보지 못하는 사람에게 안수하시어 눈을 뜨게 하신다.

마가복음 8장 25절을 적어보세요.

2) 마가복음 8:27-16:20 | 종 되신 예수의 고난과 부활

NOTE

(1) 고난 예고와 하나님 나라(8:27-10:52)

① 베드로의 신앙고백(8:27-38)

예수님이 제자들에게 "너희는 나를 누구라 하느냐"라고 물으시자, 베드로는 "주는 그리스도시니이다"라고 고백한다. 이에 예수님은 처음으로 십자가의 고난과 부활을 예고하신다. 그러나 베드로가 이를 받아들이지 못하고 항변하자 예수님은 "사탄아 내 뒤로 물러가라"라고 꾸짖으시며, 하나님의 뜻보다 사람의 일을 먼저 생각하는 그의 태도를 책망하신다. 이어 참된 제자는 자기를 부인하고 자기 십자가를 지고 예수님을 따라야 한다고 가르치신다.

마가복음 8장 29절을 적어보세요.

② 변화산 사건(9:1-13)

예수님은 베드로, 야고보, 요한과 함께 높은 산에 올라가 영광스럽게 변모하신다. 그 자리에 모세와 엘리야가 나타나 예수님과 대화를 나누었고, 하늘에서는 "이는 내 사랑하는 아들이니 너희는 그의 말을 들으라"라는 음성이 들린다.

마가복음 9장 7절을 적어보세요.

NOTE

③ 귀신 들린 소년의 치유(9:14-29)

예수님이 산에서 내려오셨을 때 제자들이 귀신 들린 아이를 고치지 못해 서기관들과 논쟁하고 있었다. 예수님은 믿음 없음을 책망하시고 아이에게서 귀신을 쫓아내신다. 이후 제자들이 왜 자신들은 고치지 못했는지 묻자 예수님은 "기도 외에 다른 것으로는 이런 종류가 나갈 수 없느니라"라고 말씀하신다.

마가복음 9장 29절을 적어보세요.

④ 하나님 나라에 대한 가르침(9:30-10:52)

• 섬김과 겸손의 중요성(9:30-37)

예수님은 제자들에게 두 번째로 십자가 고난과 부활을 예고하신다. 그러나 제자들은 그 말씀을 깨닫지 못하고 오히려 자기들끼리 서열을 다툰다. 예수님은 그들 가운데 한 어린아이를 세우시며 '첫째가 되려면 모든 사람을 섬기는 자가 되어야 한다'라고 가르치신다.

마가복음 9장 35절을 적어보세요.

• 예수의 경고와 가르침 1(9:38-50)

요한이 예수님의 이름으로 귀신을 쫓는 사람을 막았다고 하자 예수님은 다른 사람의 사역을 막지 말라고 말씀하신다. 이어서 작은 자 중 하나라도 실족하게 해서는 안 된다고 하시며, 죄와의 철저한 단절을 강조하신다. 또한 소금의 비유를 통해 정결함을 잃지 말고 서로 화목할 것을 권면하신다.

NOTE

마가복음 9장 41절을 적어보세요.

• 예수의 경고와 가르침 2(10:1-31)

바리새인들이 이혼에 대해 묻자 예수님은 결혼의 본래 뜻을 강조하시며 이혼의 조건을 설명하신다. 이어 어린아이와 같은 자들이 하나님 나라에 합당하다고 하시며 그들을 축복하신다. 영생을 얻기 위해 무엇을 해야 할지 묻는 한 부자 청년에게는 계명을 지키고 가진 재물을 팔아 가난한 자들에게 주고 자신을 따르라고 하시며, 부자가 하나님 나라에 들어가기 어렵다는 것을 말씀하신다.

마가복음 10장 25절을 적어보세요.

• 섬김에 대한 가르침(10:32-45)

예수님은 제자들에게 세 번째로 십자가 고난과 부활을 예고하신다. 그러나 제자들은 그 말씀을 이해하지 못하며 야고보와 요한은 예수님께 영광의 자리에 앉혀주기를 부탁한다. 제자들이 자리를 두고 다투자 예수님은 세상의 권력자들과 다르게 제자는 섬기는 자가 되어야 함을 가르치신다.

NOTE

마가복음 10장 45절을 적어보세요.

⑤ 바디매오의 믿음(10:46-52)

예수님이 여리고를 지나실 때, 앞이 보이지 않는 바디매오가 "다윗의 자손 예수여 나를 불쌍히 여기소서"라고 외친다. 사람들의 꾸짖음에도 불구하고 그가 더욱 간절히 외치자, 예수님은 그의 믿음을 보시고 눈을 뜨게 하신다. 이에 바디매오는 예수님을 길에서 따른다.

마가복음 10장 52절을 적어보세요.

(2) 예수의 수난과 죽음(11-15장)

① 예루살렘 입성과 성전 정화(11장)

예수님이 나귀를 타고 예루살렘에 입성하실 때 사람들은 겉옷과 종려나무 가지를 길에 깔고 '호산나! 다윗의 자손이여!'라고 외치며 예수님을 맞이한다. 다음 날, 예수님은 성전에 들어가 장사하는 이들을 내쫓으시며, 만민이 기도하는 집인 성전을 강도의 소굴로 만들었다고 꾸짖으신다.

마가복음 11장 17절을 적어보세요.

② 지도자들과의 갈등과 마지막 때에 대한 가르침(12-13장)

예수님은 포도원 농부 비유를 통해 유대 지도자들의 불신을 지적하신다. 또한 바리새인들이 함정에 빠뜨리기 위해 던진 질문에 "가이사의 것은 가이사에게, 하나님의 것은 하나님께"라고 지혜롭게 답하신다. 이후 감람산에서 성전의 멸망과 종말의 징조를 말씀하시며, 항상 깨어 기도할 것을 당부하신다.

마가복음 13장 33절을 적어보세요.

③ 최후의 만찬과 겟세마네 기도(14:1-52)

예수님은 유월절 만찬 자리에서 제자들과 떡과 잔을 나누면서 새 언약을 선포하신다. 이어 제자들 가운데 한 사람이 자신을 배반할 것임을 예고하신다. 그 후 겟세마네 동산에 올라가서 간절히 기도하신 뒤 군병들에게 체포되신다.

마가복음 14장 36절을 적어보세요.

NOTE

④ 십자가의 고난과 죽음(14:53-15:47)

예수님은 대제사장들과 빌라도 앞에서 심문을 받으신 후 조롱과 채찍질을 당하시고 십자가에 못 박히신다. 정오가 되자 어둠이 온 땅에 덮였고 예수님은 "나의 하나님 어찌하여 나를 버리셨나이까"라고 외치신 후 숨을 거두신다. 그 순간 성전 휘장이 위에서부터 아래로 찢어진다.

마가복음 15장 39절을 적어보세요.

(3) 예수의 부활과 영광(16장)

① 예수의 부활(16:1-8)

안식일 후 첫날 새벽, 막달라 마리아와 몇몇 여인들이 예수님의 무덤을 찾아온다. 그러나 무덤은 비어 있고, 흰옷 입은 천사가 나타나 예수님의 부활을 전한다. 여인들은 두려움과 놀라움에 휩싸여 그곳을 서둘러 떠난다.

마가복음 16장 6절을 적어보세요.

② 선교 명령과 승천(16:9-20)

부활하신 예수님은 제자들에게 나타나 부활을 목격한 자들의 증언을 믿지 않는 그들의 어리석고 완악한 마음을 꾸짖으신다. 이어 "온 천하에 다니며 만민에게 복음을 전파하라"라고 명령하신다. 그 후 하늘로 올라가셔서 하나님의 우편에 앉으시고, 제자들은 복음을 전하며 주께서 함께하심을 나타내는 표적들로 말씀을 확실히 증언한다.

NOTE

마가복음 16장 17-18절을 적어보세요.

6. 절대 긍정, 절대 감사 Point

1) 믿음의 인내와 절대 긍정

예수님은 어떤 고난이 다가와도 하나님의 뜻에 끝까지 순종하셨다. 우리 역시 삶의 고난 속에서도 하나님의 뜻이 선하고 완전하다는 절대 긍정의 믿음을 품고, 인내하며 순종함으로 제자의 길을 걸어가야 한다.

고난 중에도 믿음을 지키기 위해 내가 실천해야 할 행동은 무엇인지 적어보세요.

2) 헌신과 감사의 삶

예수님은 자신을 따라오려거든 자기를 부인하고 자기 십자가를 지고 따라오라고 말씀하셨다. 그뿐만 아니라 예수님 스스로 자신을 비우시고 온전히 낮아지셔서 십자가의 길을 걸어가셨다. 우리는 구원의 은혜에 감사하는 마음으로 날마다 낮아지고 섬기며 받은 은혜를 나누며 살아가야 한다.

NOTE

예수님처럼 겸손하게 섬기는 삶을 살기 위해 내가 변화해야 할 점은 무엇인지 적어보세요.

7. 과제

1) 마가복음을 공부하면서 가장 은혜받았던 성경 구절을 적어봅시다.

2) 마가복음 강의를 통해 깨달은 점을 구체적으로 적어봅시다.

8. 장별 핵심 내용

NOTE

1-8장 고난의 종으로 오신 예수

1장 예수의 침례, 광야 시험, 첫 사역 시작

2장 중풍병자 치유, 세리 마태의 부르심, 안식일 논쟁

3장 열두 제자의 선택, 예수의 가족에 대한 가르침

4장 씨 뿌리는 비유, 바람과 바다를 잠잠케 하심

5장 귀신 들린 자 치유, 야이로의 딸과 혈루증 여인 치유

6장 예수의 고향 배척, 오병이어 기적, 물 위를 걸으심

7장 바리새인과의 논쟁, 수로보니게 여인의 믿음

8장 사천 명을 먹이심, 베드로의 신앙고백

9-16장 종 되신 예수의 고난과 부활

9장 변화산 사건, 제자들의 다툼, 어린아이를 본받으라 하심

10장 부자 청년과 하나님 나라, 맹인 바디매오 치유

11장 예루살렘 입성, 성전 정화

12장 포도원 농부 비유, 가장 큰 계명 가르침

13장 종말의 징조와 깨어 있으라는 권면

14장 최후의 만찬, 겟세마네 기도, 예수의 체포

15장 예수의 재판과 십자가 죽음

16장 예수의 부활과 제자들에게 주어진 선교 명령

누가복음 *Luke*

"인자로 오신 예수, 잃어버린 자를 찾아 구원하다"

NOTE

1. 들어가며

누가복음은 누가가 로마의 고위 관리인 데오빌로와 이방인들에게 복음을 전하기 위해 기록한 복음서이다. 이 복음서는 인자로 오신 예수님을 강조하며, 특히 사회적 약자와 이방인을 향한 구원이 분명하게 드러난다. 누가는 예수님의 생애와 사역을 체계적으로 정리하여 기록했으며, 이는 사도행전으로 이어지는 복음 전파의 과정을 보여주는 중요한 기반이 된다.

2. 한눈에 보기

누가복음의 전반부(1:1-19:27)는 예수님의 탄생과 공생애 사역을, 후반부(19:28-24:53)는 예수님의 고난과 부활을 중심으로 전개된다. 예수님은 갈릴리에서 이방인과 약하고 소외된 자들에게 복음을 전하시고, 예루살렘을 향해 가시는 여정 중에 제자들에게 하나님 나라에 대해 가르치신다. 예루살렘에 입성하신 후에는 십자가 고난을 당하시고 부활하시어 제자들에게 복음 전파의 사명을 맡기신다.

3. 중심 메시지

NOTE

1) 인자로 오신 예수님: 예수님은 참 하나님이시며 동시에 완전한 인간으로 오셨다. 누가는 예수님의 인성을 강조하기 위해 예수님의 탄생과 성장 과정 및 예수님의 인간적인 감정 등을 세심하게 기록한다.

2) 기도와 성령: 누가는 예수님의 삶과 사역이 성령의 인도와 능력 안에서 이루어졌음을 강조한다. 또한 예수님의 기도 장면을 다른 복음서보다 더 자주, 그리고 자세히 기록한다. 예수님은 사역을 시작하시기 전에 늘 기도하셨고, 성령의 충만함 가운데 복음을 전하셨다. 이는 하나님의 뜻이 성령과 기도를 통해 이루어진다는 사실을 분명히 보여준다.

3) 소외된 자들에 대한 관심: 누가복음은 잃어버린 자를 찾아 구원하기 위해 오신 예수님의 모습을 강조한다. 그렇다 보니 세리, 가난한 자, 여인, 죄인 등 사회적으로 소외된 자들이 자주 등장한다. 예수님은 그들에게 깊은 관심을 보이시고 사랑으로 품으신다. 하나님의 사랑과 긍휼은 누구에게나 차별 없이 베풀어진다.

4. 구조

구분		범위	주요 내용
인자로 오신 예수 (1:1-19:27)	예수의 출현	1:1-4:13	침례 요한과 예수의 탄생, 광야의 시험
	예수의 사역	4:14-19:27	갈릴리 사역, 배척과 논쟁, 제자도와 교훈, 고난 예고, 삭개오와 열 므나 비유
인자로 오신 예수의 고난과 부활 (19:28-24:53)	고난주간 1	19:28-22:46	예루살렘 입성과 성전 정화, 마지막 사역, 최후의 만찬
	고난주간 2	22:47-23:56	체포와 심문, 십자가 고난, 무덤에 계심
	예수의 부활과 승천	24장	부활, 지상명령, 승천

NOTE

5. 내용 분석

1) 누가복음 1:1-19:27 | 인자로 오신 예수

(1) 예수의 출현(1:1–4:13)

① 침례 요한과 예수의 탄생(1-2장)

주의 천사가 제사장 사가랴에게 나타나 그의 아내 엘리사벳이 아들을 잉태할 것임을 알린다. 이 아들은 침례 요한으로, 메시아보다 앞서 와서 그 길을 예비할 자라고 예언된 인물이다. 이어 천사 가브리엘이 마리아에게 나타나 예수님의 탄생을 예고하고, 예수님은 성령으로 잉태되어 베들레헴에서 태어나신다. 예수님은 지혜와 키가 자라가며 하나님과 사람에게 더욱 사랑스러워 가신다.

누가복음 2장 11절을 적어보세요.

② 광야의 시험(3:1-4:13)

예수님이 침례 요한에게 침례를 받으시고 기도하실 때, 하늘이 열리고 성령이 비둘기 같은 형체로 강림하시며 하나님의 음성이 들린다. 이후 예수님은 성령에 이끌려 광야로 가셔서 40일간 금식하시고 마귀에게 시험을 받으신다. 예수님은 말씀으로 마귀의 모든 시험을 이기신다.

누가복음 4장 4절을 적어보세요.

NOTE

(2) 예수의 사역(4:14–19:27)

① 갈릴리 사역(4:14-9:50)

예수님이 갈릴리에서 성령의 능력으로 사역을 시작하시자 그 소문이 사방으로 퍼진다. 그러나 예수님이 자라나신 나사렛에서는 오히려 배척을 받으신다. 이후 가버나움에서 많은 기적을 행하시고 열두 제자를 부르신다. 예수님은 세리와 죄인들과 함께하시며 하나님의 나라를 전파하신다.

누가복음 4장 18절을 적어보세요.

순	성경 구절	사역 내용
1	4:31-36	회당에서 귀신들린 자를 고치심
2	4:38-39	베드로의 장모의 열병을 고치심
3	5:12-16	나병 환자를 고치심
4	5:18-26	중풍병자를 고치심
5	6:6-10	손 마른자를 고치심
6	7:1-10	백부장의 종을 고치심
7	7:11-15	나인 성 과부의 아들을 살리심
8	8:41-42, 49-56	회당장 야이로의 딸을 살리심
9	9:38-42	간질병 걸린 아이에게서 귀신을 쫓아내심

<예수님의 갈릴리 사역>

② 배척과 논쟁(9:51-11:54)

예수님은 예루살렘으로 가시던 중 사마리아에서 배척을 받으시지만, 제자들을 꾸짖고 길을 계속 가신다. 이어 칠십 인을 파송하시며 복음을

NOTE

전하게 하시고, 그들이 돌아왔을 때 하늘에 이름이 기록된 것을 기뻐하라고 말씀하신다. 한 율법교사의 질문에 답하시며 선한 사마리아인 비유를 통해 참된 이웃 사랑을 가르치신다. 바리새인들이 예수님의 귀신 축출을 바알세불의 힘이라 비난하자, 예수님은 하나님의 손을 힘입은 일이라 말씀하시며 하나님의 나라가 이미 그들에게 임했음을 선포하신다.

누가복음 11장 20절을 적어보세요.

③ 제자도와 교훈(12:1-18:30)

예수님은 제자가 되기 위해 자기 십자가를 지고 따를 것을 요구하시며, 바리새인의 외식을 책망하신다. 어리석은 부자, 열매 맺지 못하는 무화과나무, 큰 잔치, 불의한 청지기, 부자와 나사로 등 여러 비유를 통해 회개와 준비, 청지기 정신, 재물에 대한 태도, 그리고 종말적 경각심을 강조하신다. 잃은 양, 드라크마, 탕자의 비유에서는 죄인을 찾고 회복시키시는 하나님의 사랑을, 열 명의 나병환자 이야기에서는 참된 감사가 무엇인지 가르치신다. 또한 과부와 재판관, 바리새인과 세리의 기도 비유를 통해 겸손과 끈질긴 기도의 중요성을 말씀하신다.

누가복음 14장 27절을 적어보세요.

④ 고난 예고(18:31-34)

예수님이 제자들에게 대제사장들과 서기관들에게 넘겨져 조롱과 채찍질을 당하고 십자가에 못 박힐 것이며 사흘 만에 부활하실 것을 말씀하신다. 이는 제자들에게 다가올 환난을 준비시키고, 하나님의 뜻이 예수님의 죽음과 부활을 통해 이루어질 것을 가르치기 위함이었다.

NOTE

누가복음 18장 33절을 적어보세요.

⑤ 삭개오와 열 므나 비유(19:1-27)

예수님이 여리고에 들어가시자 세리장 삭개오가 예수님을 보기 위해 나무에 올라간다. 예수님이 삭개오를 보시고 그의 집에 머무르겠다고 하시자, 삭개오는 재산의 절반을 가난한 자들에게 나누고 속인 사람에게 네 배로 갚겠다고 말한다. 이어 예수님은 열 므나 비유를 통해 하나님의 나라가 곧 임할 것으로 기대하던 이들의 생각을 바로잡으신다.

누가복음 19장 10절을 적어보세요.

2) 누가복음 19:28-24:53 | 인자로 오신 예수의 고난과 부활

(1) 고난주간 1(19:28-22:46)

① 예루살렘 입성과 성전 정화(19:28-48)

예수님이 나귀를 타고 예루살렘에 입성하시자, 무리는 겉옷과 종려나무 가지를 길에 펴고 환영한다. 예수님은 예루살렘을 보며 눈물을 흘

NOTE

리시고, 성전에서 장사하는 자들을 꾸짖고 내쫓으신다. 예수님은 날마다 성전에서 가르치시고, 종교 지도자들은 예수님을 죽이기 위한 계획을 세운다.

누가복음 19장 46절을 적어보세요.

② 마지막 사역과 논쟁(20:1-21:38)

예수님은 성전에서 가르치시며 종교 지도자들과 논쟁하신다. 포도원 농부의 비유를 통해 그들의 불신과 배척을 책망하시고, 바리새인들의 악한 의도가 있는 질문에도 지혜롭게 대답하신다. 또한 감람산에서 제자들에게 종말의 징조를 알려주시고 깨어 기도하며 미래에 다가올 고난에 대비할 것을 말씀하신다.

누가복음 21장 36절을 적어보세요.

③ 최후의 만찬(22:1-38)

예수님은 유월절 만찬에서 떡과 잔을 나누시며 새 언약을 선포하시고, 자신의 몸과 피로 이루어질 구속 사역을 예고하신다. 제자 중 한 사람이 자신을 배반할 것을 밝히시고, 제자들이 누가 더 큰지 다투자 다스리는 자는 섬기는 자가 되어야 한다고 가르치신다. 이어 베드로가 주와 함께 죽겠다고 말하자 그가 예수님을 세 번 부인할 것을 예고하신다.

NOTE

누가복음 22장 19-20절을 적어보세요.

④ 겟세마네 기도(22:39-46)

예수님은 겟세마네 동산에서 십자가 고난을 앞두고 하나님께 간절히 기도하신다. 또한 잠들어 있는 제자들을 보고 그들에게 시험에 들지 않도록 깨어 기도하라고 말씀하신다.

누가복음 22장 46절을 적어보세요.

(2) 고난주간 2(22:47-23:56)

① 예수의 체포와 심문(22:47-71)

예수님은 겟세마네 동산에서 기도하신 후 군병들에게 체포되신다. 베드로는 예수님을 세 번 부인하고 통곡한다. 체포되신 예수님은 대제사장과 종교 지도자들 앞에서 심문을 받으시고 자신이 하나님의 아들이심을 밝히신다.

누가복음 22장 70절을 적어보세요.

NOTE

② 빌라도와 헤롯 앞에서의 재판(23:1-25)

예수님께 죄를 찾지 못한 빌라도는 예수님을 헤롯에게 보낸다. 헤롯 역시 예수님을 조롱한 후 다시 빌라도에게 돌려보낸다. 결국 빌라도는 예수님을 십자가에 못 박으라는 군중의 요구를 이기지 못하고 예수님에게 십자가형을 선고한다.

누가복음 23장 25절을 적어보세요.

③ 십자가의 고난과 죽음(23:26-49)

예수님이 십자가를 지고 가시던 중 힘이 없어서 더 이상 갈 수 없게 되자, 구레네 사람 시몬이 예수님의 십자가를 대신 짊어진다. 십자가에 못 박히신 예수님은 "아버지 저들을 사하여 주옵소서"라고 기도하신다. 오후 세 시경, 큰 소리로 "아버지 내 영혼을 아버지 손에 부탁하나이다" 라고 하시며 운명하시자 성전 휘장이 찢어진다.

누가복음 23장 46절을 적어보세요.

④ 예수의 장사(23:50-56)

공회 의원 아리마대 요셉은 예수님의 시신을 가져다가 세마포로 싸고 바위에 판 무덤에 장사한다. 여인들은 예수님의 무덤이 있는 곳을 확인한 뒤 안식일이 지난 후 예수님의 몸에 바를 향품과 향유를 준비한다.

NOTE

누가복음 23장 53절을 적어보세요.

(3) 예수의 부활과 승천(24장)

① 예수의 부활(24:1-12)

안식 후 첫날, 여인들이 예수님의 무덤을 찾아온다. 그러나 무덤을 막고 있던 돌은 이미 굴려져 있었고 예수님의 시신이 보이지 않는다. 그때 흰옷 입은 두 천사가 나타나 "여기 계시지 않고 살아나셨느니라"라고 전하자, 여인들은 이 소식을 제자들에게 알린다. 그러나 제자들은 이를 믿지 못하고 의심한다.

누가복음 24장 6절을 적어보세요.

② 지상명령(24:13-49)

부활하신 예수님은 엠마오로 가던 두 제자에게 나타나 성경을 풀어 설명해 주신다. 그리고 그들과 함께 머물며 떡을 떼어주시자 그들의 눈이 열려 예수님을 알아보게 된다. 이후 예수님은 예루살렘에서 제자들에게 나타나 손과 발을 보여주시며 부활을 증명하시고 모든 민족에게 복음을 전할 사명을 맡기신다. 또한 위로부터 능력이 입혀질 때까지 예루살렘에 머물라고 명령하신다.

NOTE

누가복음 24장 49절을 적어보세요.

③ 예수의 승천(24:50-53)

예수님은 제자들을 베다니 앞에서 축복하신 후 하늘로 올라가신다. 제자들은 큰 기쁨으로 예루살렘으로 돌아가 성전에서 하나님을 찬송한다.

누가복음 24장 51절을 적어보세요.

6. 절대 긍정, 절대 감사 Point

1) 성령으로 충만한 삶

예수님은 항상 기도에 힘쓰셨고 성령의 능력으로 사역하셨다. 또한 승천하시기 전에 제자들에게 위로부터 오는 능력을 입을 때까지 기다리라고 명령하셨다. 오늘날 우리도 하나님의 일을 하기 전에 먼저 성령 충만을 받아야 한다. 성령의 능력이 임할 때 하나님이 맡겨주신 일을 잘 감당할 수 있다.

NOTE

성령충만을 위해 꾸준히 실천해야 할 영적 습관은 무엇인지 적어보세요.

2) 예수님의 사랑을 실천하는 삶

예수님은 가난한 자, 세리, 죄인 등 세상에서 소외된 자들을 사랑으로 대하셨다. 우리 또한 예수님의 마음을 가지고 주변에 있는 어려운 이웃들을 사랑으로 돌봐주어야 한다.

주변의 어려운 이들에게 어떻게 사랑을 실천할 수 있을지 적어보세요.

7. 과제

1) 누가복음을 공부하면서 가장 은혜받았던 성경 구절을 적어봅시다.

NOTE

2) 누가복음 강의를 통해 깨달은 점을 구체적으로 적어봅시다.

8. 장별 핵심 내용

NOTE

1:1-19:27 인자로 오신 예수

1장 침례 요한과 예수의 탄생 예고, 마리아의 찬가

2장 예수의 탄생, 목자들의 방문, 성장 과정

3장 침례 요한의 사역과 예수의 침례, 족보

4장 광야 시험, 나사렛 배척, 갈릴리 사역 시작

5장 제자 부르심, 중풍병자 치유, 세리 레위 부르심

6장 안식일 논쟁, 열두 사도 선택, 산상설교(평지설교)

7장 백부장 종 치유, 과부 아들 살리심, 예수께 향유를 부은 여인

8장 씨 뿌리는 비유, 풍랑을 잠잠케 하심, 혈루증 여인과 야이로 딸 치유

9장 오병이어 기적, 베드로의 신앙 고백, 변화산 사건

10장 선한 사마리아인 비유, 마르다와 마리아 이야기

11장 주기도문, 바알세불 논쟁, 화 있을진저 선언

12장 탐심 경계, 깨어 준비하는 삶의 가르침

13장 좁은 문 비유, 헤롯을 향한 경고

14장 겸손과 자기 부인의 제자도

15장 잃은 양, 잃은 드라크마, 탕자의 비유

16장 불의한 청지기, 부자와 나사로 비유

17장 열 명의 나병환자 치유, 하나님 나라의 임함

18장 끈질긴 과부의 비유, 바리새인과 세리의 기도, 부자 청년

19:1-27 삭개오 이야기, 열 므나 비유

19:28-24:53 인자로 오신 예수의 고난과 부활

19:28-48 예루살렘 입성, 성전 정화

20장 종교 지도자들과의 논쟁, 포도원 농부 비유

21장 종말의 징조, 깨어 기도하라 하심

22장 최후의 만찬, 겟세마네 기도, 예수의 처벌

23장 빌라도 재판, 십자가 고난과 죽음, 무덤에 장사

24장 예수의 부활, 엠마오로 가는 제자들, 지상명령과 승천

요한복음 *John*

"하나님의 아들 예수, 생명과 빛으로 세상에 오시다"

NOTE

1. 들어가며

요한복음은 사도 요한이 주후 90년경에 기록한 것으로 보인다. 이 복음서는 영지주의의 이단적 가르침에 맞서 성육신하신 예수 그리스도의 신성과 인성을 강조한다. 또한 예수님을 태초부터 계신 영원한 말씀이자 하나님의 아들로 묘사하며, 그 안에 참된 생명과 빛이 있음을 선포한다. 궁극적으로는 사람들이 예수님을 믿어 생명을 얻게 하려는 목적을 가지고 있다.

2. 한눈에 보기

요한복음 전반부(1-11장)는 예수님의 공적 사역과 표적들을 중심으로, 후반부(12-21장)는 십자가의 고난과 부활의 영광을 중심으로 기록되어 있다. 예수님은 일곱 가지 표적과 "나는 … 이다"라는 선언을 통해 자신이 하나님의 아들이심을 나타내신다. 또한 제자들에게 보혜사 성령을 약속하시며, 십자가 죽음과 부활로 영생의 길을 열어주신다.

NOTE

3. 중심 메시지

1) 하나님의 아들이신 예수 그리스도: 요한은 예수님이 창조 이전부터 하나님과 함께하신 말씀임을 선포하며, 예수님이 곧 하나님 자신임을 강조한다. “나는 생명의 떡이다”, “나는 세상의 빛이다”, “나는 선한 목자다” 등 일곱 가지 선언을 통해 예수님의 신적 정체성을 명확히 드러낸다.

2) 생명과 빛으로 오신 예수님: 예수님은 어두운 세상 가운데 빛으로 오셔서 죄와 죽음의 권세를 깨뜨리고 참된 생명을 주신다. 요한복음의 표적들은 믿음으로 예수님을 영접할 때 얻을 수 있는 영적 생명과 구원의 본질을 보여준다.

3) 믿음과 영생: 요한복음의 핵심은 예수님을 믿고 영생을 얻는 것이다. 요한은 누구든지 예수님을 믿는 자마다 멸망하지 않고 영생을 얻게 하려는 하나님의 뜻을 강조하며, 예수님을 믿는 믿음이 영생에 이르는 유일한 길임을 명확히 제시한다.

4. 구조

구분		범위	주요 내용
하나님의 아들로 오신 예수의 사역 (1-11장)	성육신하신 예수	1장	말씀의 성육신, 침례 요한의 증언과 제자들의 부르심
	예수의 표적과 가르침	2-11장	가나의 혼인잔치와 성전 정화, 니고데모와 사마리아 여인, 신하의 아들과 38년 병자 치유, 오병이어와 바다 위를 걸으심, 생명의 떡 강론, 초막절 논쟁과 성령 약속, 간음한 여인 사건과 진리를 통한 자유, 날 때부터 맹인의 치유와 선한 목자 비유, 나사로 부활 사건
하나님의 아들로 오신 예수의 고난과 부활 (12-21장)	예수의 고난과 영광	12-20장	마리아의 향유 사건과 예루살렘 입성, 마지막 만찬과 제자들의 발 씻김, 고별 설교와 성령의 약속, 예수의 중보기도, 체포와 재판, 십자가 처형과 죽음, 예수의 부활과 도마의 신앙고백 및 책의 기록 목적
	교회와 사도의 사명	21장	부활 후 제자들에게 나타나심, 베드로의 회복과 사명

NOTE

5. 내용 분석

1) 요한복음 1-11장 | 하나님의 아들로 오신 예수의 사역

(1) 성육신하신 예수(1장)

① 말씀의 성육신(1:1-18)

예수님은 태초부터 하나님과 함께 계셨던 '말씀'이시며, 모든 만물의 창조자이자 생명의 근원이시다. 말씀이신 예수님이 인간의 몸을 입고 세상에 오셔서 하나님의 영광을 나타내시고, 은혜와 진리를 충만하게 드러내신다.

요한복음 1장 14절을 적어보세요.

② 침례 요한의 증언과 제자들의 부르심(1:19-51)

침례 요한은 자신이 메시아가 아니라 주의 길을 예비하는 자임을 밝히고, 예수님을 세상 죄를 지고 가는 하나님의 어린 양으로 증언한다. 요한의 증언을 듣고 안드레, 베드로, 빌립, 나다나엘이 예수님을 따른다. 나다나엘은 예수님을 만나 "당신은 하나님의 아들이시요 이스라엘의 임금이로소이다"라고 고백한다.

요한복음 1장 29절을 적어보세요.

(2) 예수의 표적과 가르침(2-11장)

NOTE

① 가나의 혼인 잔치와 성전 정화(2장)

예수님은 갈릴리 가나의 혼인 잔치에서 물을 포도주로 변화시키시는 첫 번째 표적을 행하신다. 이 표적을 통해 자신의 영광을 나타내시고 제자들의 믿음을 견고케 하신다. 이어 예루살렘 성전에서 장사하는 자들을 내쫓으시고 "내 아버지의 집으로 장사하는 집을 만들지 말라"라고 말씀하시며 성전의 참된 의미를 선포하신다.

요한복음 2장 11절을 적어보세요.

② 니고데모와 사마리아 여인(3:1-4:42)

예수님은 밤에 자신을 찾아온 니고데모에게 하나님 나라에 들어가려면 물과 성령으로 거듭나야 한다는 진리를 가르치신다. 또한 사마리아의 우물가에서 한 여인과 대화하시며, 영원히 목마르지 않을 생수를 약속하신다. 여인이 예배의 장소에 관하여 묻자, 예수님은 장소가 중요한 것이 아니라, 영과 진리로 드리는 예배가 참된 예배임을 가르치신다.

요한복음 4장 24절을 적어보세요.

③ 신하의 아들과 38년 된 병자 치유(4:43-5:47)

예수님은 왕의 신하가 자기 아들을 고쳐달라 간청하자 멀리서 말씀

NOTE

만으로 고쳐주신다. 또한 베데스다 연못에서 38년간 병을 앓던 사람을 고쳐주신다. 그러나 유대인들은 그날이 안식일이라는 이유로 예수님을 박해하기 시작하고, 예수님이 하나님과 자기를 동등으로 여긴다고 하여 그를 죽이고자 한다. 이에 예수님은 하나님이 자신에게 심판하는 권세를 주셨고 친히 자기를 위해 증언해 주신다고 말씀하신다.

요한복음 5장 17절을 적어보세요.

④ 오병이어와 바다 위를 걸으심(6:1-21)

유월절이 가까이 왔을 때, 예수님은 떡 다섯 개와 물고기 두 마리를 가지고 오천 명을 먹이는 표적을 행하신다. 이어 날이 저물고 제자들이 풍랑을 만나 두려워할 때, 바다 위를 걸어오심으로 신적인 권능을 나타내시고 그들의 믿음을 강하게 하신다.

요한복음 6장 11절을 적어보세요.

⑤ 생명의 떡 강론(6:22-71)

예수님은 자신을 참된 양식이자 생명의 떡으로 소개하시며, 자기 살을 먹고 피를 마시는 자가 영생을 얻을 것이라고 가르치신다. 이 말씀으로 인해 제자 중 많은 사람이 혼란스러워하며 예수님을 떠난다. 그러나 예수님의 열두 제자는 영생의 말씀을 가지신 예수님을 계속 따르기로 결단한다.

요한복음 6장 35절을 적어보세요.

⑥ 초막절 논쟁과 성령 약속(7장)

초막절에 예루살렘에 올라가신 예수님은 자신을 하나님으로부터 보내심을 받은 분임을 밝히시며, 그분을 믿는 자들에게 성령이 생수의 강처럼 흘러넘치게 될 것을 약속하신다. 이 일로 예수님의 정체성과 권위를 둘러싼 논쟁이 더욱 치열해지고, 유대 종교 지도자들과의 갈등도 점점 깊어진다.

요한복음 7장 38절을 적어보세요.

⑦ 간음한 여인 사건과 진리를 통한 자유(8장)

서기관들과 바리새인들이 간음하다 잡힌 여인을 예수님 앞에 끌고 오지만, 예수님은 그녀를 정죄하지 않고 용서하신다. 이어 자신을 세상의 빛이라 선언하시며, 자신을 따르는 자는 어둠에 다니지 않고 생명의 빛을 얻을 것이라고 약속하신다. 또한 진리를 아는 자는 죄와 사망에서 참된 자유를 누리게 된다고 가르치신다.

요한복음 8장 12절을 적어보세요.

NOTE

⑧ 날 때부터 맹인의 치유와 선한 목자 비유(9-10장)

예수님은 태어날 때부터 앞을 보지 못한 사람을 안식일에 고치심으로 자신이 세상의 빛임을 드러내신다. 또한 선한 목자 비유를 통해 양들을 위해 자신의 생명을 내어주는 사랑을 강조하시고, 양들은 목자의 음성을 듣고 따른다고 가르치신다.

요한복음 10장 10절을 적어보세요.

⑨ 나사로 부활 사건(11장)

예수님은 죽은 지 나흘이나 지난 나사로를 살리심으로써 자신이 부활과 생명의 주권자이심을 명백히 드러내신다. 이 사건을 통해 예수님은 자신이 부활이요 생명이심을 선포하시고 믿는 자에게 영원한 생명을 약속하신다. 이 표적은 유대 종교 지도자들이 예수님을 죽이기로 결심하게 되는 결정적인 계기가 된다.

요한복음 11장 25절을 적어보세요.

2) 요한복음 12-21장 | 하나님의 아들로 오신 예수의 고난과 부활

NOTE

(1) 예수의 고난과 영광(12–20장)

① 마리아의 향유 사건과 예루살렘 입성(12장)

마리아가 매우 값비싼 향유를 예수님의 발에 붓고 자기 머리카락으로 그 발을 닦는다. 이는 예수님의 죽음을 예고하는 사건이다. 그 후 예수님은 어린 나귀를 타고 예루살렘에 입성하시며 종려나무를 가지고 나온 많은 이들의 환호를 받으신다.

요한복음 12장 13절을 적어보세요.

② 마지막 만찬과 제자들의 발 씻김(13장)

유월절 전날 저녁, 예수님은 제자들과 함께 마지막 만찬을 나누신다. 예수님은 식사 도중에 일어나 제자들의 발을 씻기며 겸손과 섬김의 본을 몸소 보여주시며 제자들에게 서로 사랑하라고 말씀하신다. 이어서 가룟 유다가 자신을 배반할 것과 베드로가 세 번 자신을 부인할 것을 예고하신다.

요한복음 13장 14절을 적어보세요.

NOTE

③ 고별 설교와 성령의 약속(14-16장)

예수님은 자신이 아버지께로 돌아가실 것을 제자들에게 말씀하시며 마음에 근심하지 말고 하나님을 믿으라고 격려하신다. 또한 진리의 성령, 곧 보혜사가 오셔서 그들을 위로하고 모든 진리 가운데로 인도해 주실 것이라 약속하신다. 예수님은 포도나무의 비유를 통해 사람들이 자기 안에 거할 때 열매를 맺을 수 있음을 강조하신다. 끝으로 자신이 세상을 이겼다고 선언하신다.

요한복음 14장 16절을 적어보세요.

7대 표적	7대 선언
물로 포도주를 만드심(2:1-11)	내가 곧 생명의 떡이다(6:35)
신하의 아들을 치유하심(4:46-54)	나는 세상의 빛이다(8:12)
38년 된 병자를 치유하심(5:1-9)	나는 양의 문이다(10:7)
오병이어로 5천 명을 먹이심(6:1-13)	나는 선한 목자다(10:11)
물 위를 걸으심(6:11-21)	나는 부활과 생명이다(11:25)
날 때부터 맹인된 자를 치유(9:1-11)	내가 곧 길, 진리, 생명이다(14:6)
죽은 나사로를 살리심(11:1-44)	나는 참 포도나무다 (15:1)

<요한복음에 나타난 예수님의 7대 표적과 7대 선언>

④ 예수의 중보기도(17장)

예수님은 제자들과 장차 믿게 될 모든 사람을 위해 기도하신다. 아버지와 자신이 하나인 것처럼, 제자들도 하나 되기를 바라시며 세상 속에서 하나님이 그들을 지켜주시길 간구하신다. 예수님이 그들로 온전하게 하시려는 이유는 독생자를 아끼지 않고 보내신 하나님의 사랑을 온 세상이 알게 하기 위해서이다.

요한복음 17장 21절을 적어보세요.

⑤ 체포와 재판(18장)

겟세마네 동산에서 체포되신 예수님은 대제사장 안나스와 가야바 앞에서 심문을 받는다. 그 과정에서 베드로는 세 번이나 예수님을 부인한 뒤 밖으로 나가 통곡한다. 예수님은 빌라도의 법정에서 자신이 유대인의 왕이심을 밝히시며, 자신의 왕국은 이 세상의 왕국이 아님을 설명한다. 결국 빌라도는 소리 지르는 무리의 요구에 못 이겨 예수님께 십자가형을 선고한다.

요한복음 18장 37절을 적어보세요.

⑥ 십자가 처형과 죽음(19장)

예수님은 군인들의 조롱을 받은 후 오전 9시경 골고다 언덕에서 십자가에 못 박힌다. 오후 3시경, 십자가에서 "다 이루었다"라고 말씀하신 후 숨을 거두시고, 옆구리가 창에 찔려 물과 피를 쏟으신다. 이후 아리마대 사람 요셉과 니고데모가 예수님의 시신을 가져다가 장사한다.

요한복음 19장 30절을 적어보세요.

NOTE

⑦ 예수의 부활과 도마의 신앙고백 및 책의 기록목적(20장)

안식 후 첫날, 막달라 마리아와 제자들은 부활하신 예수님을 만난다. 이후 예수님은 의심하던 도마에게 나타나 손과 옆구리의 상처를 보여 주시며 믿는 자가 되라고 말씀하신다. 그러자 도마는 "나의 주님이시오 나의 하나님이시니이다"라는 신앙고백을 드린다. 이에 예수님은 보지 않고 믿는 자가 복되다고 말씀하신다. 요한은 이 책이 예수님을 믿고 생명을 얻게 하려는 목적에서 기록되었음을 밝힌다.

요한복음 20장 31절을 적어보세요.

(2) 교회와 사도의 사명(21장)

① 부활 후 제자들에게 나타나심(21:1-14)

부활하신 예수님은 갈릴리 바닷가에서 고기잡이하던 제자들에게 나타나신다. 밤새 그물을 던졌지만 한 마리도 잡지 못한 그들에게, 예수님은 배 오른편에 그물을 던지라고 말씀하시고, 제자들은 그물을 들 수 없을 만큼 많은 물고기를 잡게 된다. 이후 예수님은 그들과 함께 식사하시며 자신이 실제로 살아 있음을 다시 한번 확증하신다.

요한복음 21장 12절을 적어보세요.

② 베드로의 회복과 사명(21:15-19)

NOTE

예수님은 자신을 세 번 부인했던 베드로에게 세 번에 걸쳐 "네가 나를 사랑하느냐?"라고 물어보신다. 주님을 사랑한다고 고백하는 베드로에게, 예수님은 "내 양을 먹이라"는 사명을 주신다. 베드로가 장차 요한은 어떻게 될지 묻자, 예수님은 각자의 부르심에 충실할 것을 강조하신다. 요한은 이 책이 예수님의 행적을 기록한 것이며, 예수님의 행적은 세상 모든 책으로도 다 기록할 수 없을 만큼 많다고 말한다.

요한복음 21장 17절을 적어보세요.

6. 절대 긍정, 절대 감사 Point

1) 빛으로 오신 예수님

예수님은 빛이시다. 하나님의 자녀 된 우리는 빛이신 예수님을 바라보며 언제나 밝고 긍정적인 마음을 가져야 한다. 어두운 생각이나 어려움이 찾아올 때, 절대 긍정의 믿음과 생각으로 나아가자. 주님의 빛이 우리의 마음과 삶을 밝히고 인도하실 것이다.

나 자신에게 해줄 수 있는 절대 긍정의 말을 적어보세요.

NOTE

2) 영생을 주신 은혜에 대한 감사

예수님은 십자가에서 죽으시고 부활하셔서 우리에게 영원한 생명을 주셨다. 구원의 은혜는 우리의 공로나 자격이 아닌 전적인 하나님의 은혜와 사랑으로 주어진 선물이다. 우리는 날마다 이 구원의 은혜에 절대 감사하며, 받은 은혜를 세상에 나누는 삶을 살아야 한다.

나의 삶에서 받은 구원의 은혜에 대한 감사의 내용을 적어보세요.

7. 과제

1) 요한복음을 공부하면서 가장 은혜받았던 성경 구절을 적어봅시다.

2) 요한복음 강의를 통해 깨달은 점을 구체적으로 적어봅시다.

8. 장별 핵심 내용

NOTE

1-11장 하나님의 아들로 오신 예수의 사역

1장 말씀의 성육신, 침례 요한의 증언, 첫 제자들 부르심

2장 가나 혼인 잔치, 성전 정화

3장 니고데모와의 대화, 거듭남, 하나님의 사랑

4장 사마리아 여인과의 대화, 왕의 신하의 아들 치유

5장 베데스다 병자 치유, 예수의 신적 권위 논쟁

6장 오병이어, 바다 위를 걸으심, 생명의 떡 강론

7장 초막절, 예수의 가르침, 유대인들의 논쟁

8장 간음한 여인, 세상의 빛 되신 예수, 진리가 주는 자유

9장 날 때부터 맹인 치유, 영적 맹인 논쟁

10장 선한 목자 비유, 유대인들과의 신성 논쟁

11장 나사로의 죽음과 부활, 예수를 죽이려는 음모

12-21장 하나님의 아들로 오신 예수의 고난과 부활

12장 마리아의 향유, 예루살렘 입성

13장 마지막 만찬, 제자들의 발을 씻기심, 새 계명, 유다의 배반과 베드로의 부인 예고

14장 천국 처소 예비, 성령(보혜사) 약속, 길과 진리와 생명이신 예수

15장 참 포도나무 비유, 사랑의 계명

16장 성령의 사역, 예수와의 이별이 주는 슬픔과 희망

17장 예수의 대제사장적 기도, 제자들을 위한 중보

18장 예수의 체포, 베드로의 부인, 빌라도의 심문

19장 십자가 처형, 죽음, 장사

20장 부활, 막달라 마리아와 제자들에게 나타나심, 도마의 신앙고백

21장 갈릴리에서의 나타나심, 베드로의 회복과 사명

II. 역사서

사도행전

사도행전 *Acts*

"성령의 능력으로 복음이 땅끝까지 전파되다"

NOTE

1. 들어가며

사도행전의 저자는 누가이다. 사도행전은 예수님의 승천 이후 오순절 날 성령 강림 사건을 시작으로 복음이 예루살렘에서 유대와 사마리아와 땅끝까지 전파되는 여정을 담고 있다. 이를 통해 하나님의 구원이 유대인을 넘어 이방인에게까지 확장되는 과정을 보여준다.

2. 한눈에 보기

사도행전은 두 부분으로 나눌 수 있다. 전반부(1-12장)는 예루살렘과 유대와 사마리아에서 복음이 전파되는 과정과 초기 교회의 성장을 다룬다. 후반부(13-28장)는 바울의 선교 여행을 중심으로 복음이 로마에까지 전해지는 역사를 다룬다.

3. 중심 메시지

1) 성령의 능력과 인도하심: 사도행전은 '성령행전'이라고 불릴 만큼, 모든 사역이 성령의 역사로 이루어졌음을 강조한다. 성령은 제자들이 복음을 담대하게 전할 수 있게 능력을 주시고, 용기와 지혜를 공급하신다.

NOTE

2) 교회의 탄생과 사명: 예수님의 승천 이후 오순절 날 성령이 강림하심으로 교회가 탄생한다. 성령의 충만함을 받은 사도들을 비롯한 초대 교회 성도들은 담대하게 복음을 전하며 교회를 세워나간다.

3) 복음의 확장과 하나님의 주권: 사도행전은 복음이 예루살렘에서 시작되어 로마에 이르기까지 확장되는 과정을 담고 있다. 이는 하나님의 구원 역사는 유대인뿐만 아니라 이방인에게까지 이어진다는 사실을 보여준다. 이러한 역사는 하나님의 섭리 가운데 이루어진 일이다. 복음에 대한 박해 속에서도 하나님의 뜻은 반드시 성취된다.

4. 구조

구분		범위	주요 내용
예루살렘에서의 복음 전파 (1:1-8:3)	성령 강림과 교회의 탄생	1-2장	예수님의 승천, 성령의 강림과 베드로의 설교, 초대교회의 형성
	예루살렘 복음 확장	3:1-8:3	베드로의 기적과 두 번째 설교, 초대교회 공동체의 성장, 스데반의 순교
유대 - 사마리아에서의 복음 전파 (8:4-12:25)	사마리아에서의 복음 전파	8:4-40	빌립의 사마리아 선교, 에티오피아 내시의 회심
	사울의 회심과 베드로의 복음 전파	9-12장	사울의 회심과 초기 사역, 베드로의 사역과 고넬료의 회심, 안디옥 교회 설립과 헤롯의 박해
땅끝까지 이르는 복음 전파 (13-28장)	바울의 1차 선교 여행	13:1-15:35	바울과 바나바 파송, 비시디아 안디옥, 이고니온, 루스드라 선교, 예루살렘 회의
	바울의 2차 선교 여행	15:36-18:22	2차 선교 여행의 시작과 마게도냐 환상, 유럽 선교의 시작, 고린도 사역과 여행 종료
	바울의 3차 선교 여행	18:23-21:16	에베소 중심의 사역, 유럽 지역 순회와 고별 설교, 예루살렘 귀환 여정
	바울의 로마 선교 여행	21:17-28:31	예루살렘 선교 보고와 바울의 체포, 가이사랴에서의 재판, 로마로 가는 항해와 복음 전파

NOTE

5. 내용 분석

1) 사도행전 1:1-8:3 | 예루살렘에서의 복음 전파

(1) 성령 강림과 교회의 탄생(1–2장)

① 예수의 승천(1장)

부활하신 예수님은 40일간 제자들에게 친히 살아계심을 나타내시고 하나님 나라의 일에 대해 말씀하시며 성령을 기다릴 것을 명령하신다. 예수님이 승천하신 후 제자들은 예루살렘에 모여 기도에 힘쓰고, 가룟 유다를 대신하여 맛디아를 사도로 세운다.

사도행전 1장 8절을 적어보세요.

② 성령의 강림과 베드로의 설교(2:1-41)

오순절 날이 이르자 하늘로부터 급하고 강한 바람 같은 소리가 들리고, 불의 혀와 같은 것이 각 사람 위에 임한다. 제자들은 모두 성령의 충만함을 받고 성령이 말하게 하심을 따라 방언을 말한다. 이 광경을 본 사람들은 크게 당황하고 놀라워한다. 그때 베드로가 일어나 선지자 요엘의 예언이 성취되었음을 밝히고 예수 그리스도의 죽음과 부활을 증거하며 담대하게 복음을 전한다. 이날 3천여 명이 회개하고 침례를 받는다.

사도행전 2장 4절을 적어보세요.

③ 초대교회의 형성(2:42-47)

성령충만을 받은 초대교회 성도들은 사도의 가르침을 받고 서로 교제하며 떡을 떼는 것과 기도하는 일에 전념한다. 그들은 자신의 재산을 기꺼이 나눔으로 필요한 이들을 돕고, 날마다 성전에 모여 하나님을 찬양한다. 온 백성이 이들을 보고 칭찬했고, 주께서 구원받는 사람을 날마다 더해주심으로 교회는 부흥해 나간다.

사도행전 2장 46-47절을 적어보세요.

(2) 예루살렘 복음 확장(3:1-8:3)

① 베드로의 기적과 두 번째 설교(3장)

베드로와 요한이 태어날 때부터 걷지 못한 사람을 예수님의 이름으로 일으키자 무리가 놀라며 그들에게 몰려든다. 베드로는 그들에게 예수님이 참된 메시아이심을 선포하고 회개하고 돌이킬 것을 촉구한다. 이 설교를 통해 5천여 명이 회개하고 돌아온다.

NOTE

사도행전 3장 6절을 적어보세요.

② 초대교회 공동체의 성장(4-5장)

사도들의 복음 전파로 인해 종교 지도자들의 박해가 시작되지만, 베드로는 담대하게 예수님의 이름을 증거한다. 교회는 이러한 핍박 속에서도 믿음과 기도로 더욱 굳건해진다. 또한 아나니아와 삽비라 사건을 통해 초대교회 안에 거룩한 두려움과 경건함이 생긴다. 믿는 자들이 날마다 더해짐으로써 교회는 더욱 부흥해 나간다.

사도행전 4장 12절을 적어보세요.

③ 스데반의 순교(6:1-8:3)

교회가 성장하는 가운데 사도들은 일곱 명의 일꾼을 세운다. 그중 한 사람인 스데반은 지혜와 성령으로 충만하여 큰 표적을 행한다. 그를 시기하는 자들의 모함으로 인해 공회에 선 그는 담대히 복음을 전하고 돌에 맞아 순교한다. 그날에 예루살렘교회에 큰 박해가 시작되고 사도들을 빼고는 모든 믿는 사람들이 유대와 사마리아 지방으로 흩어진다.

사도행전 7장 59-60절을 적어보세요.

2) 사도행전 8:4-12:25 | 유대-사마리아에서의 복음 전파

NOTE

(1) 사마리아에서의 복음 전파(8:4-40)

① 빌립의 사마리아 선교(8:4-25)

박해로 인해 흩어진 성도들이 가는 곳마다 복음을 전한다. 빌립이 사마리아에서 복음을 전하자 많은 사람의 질병이 치유되고 귀신이 소리를 지르며 떠난다. 사람들은 복음을 믿고 침례를 받았으며, 이후 사도들이 안수하자 그들에게 성령이 임한다.

② 에티오피아 내시의 회심(8:26-40)

하나님의 천사가 빌립에게 광야 길로 가라고 지시하신다. 그곳에서 그는 예루살렘에 예배하러 왔다가 돌아가는 에티오피아 내시를 만난다. 성령의 인도하심으로 빌립은 내시에게 다가가 성경 말씀을 깨닫게 해주고 예수 그리스도를 전한다. 이에 내시가 침례를 요청하자 빌립은 그에게 침례를 베푼다.

사도행전 8장 17절을 적어보세요.

(2) 사울의 회심과 베드로의 복음 전파(9-12장)

① 사울의 회심과 초기 사역(9장)

초대교회 성도들을 핍박하던 사울은 다메섹으로 가는 길에서 빛 가운데 부활하신 예수님을 만나 눈이 멀게 된다. 이후 주님의 부르심을 받은 아나니아를 통해 시력이 회복되고 성령을 받는다. 회심한 사울은 곧바로 예수님이 하나님의 아들이심을 전파하며, 박해자에서 복음의

NOTE

증인으로 변화된다.

사도행전 9장 17절을 적어보세요.

② 베드로의 사역과 고넬료의 회심(10:1-11:18)

베드로는 룻다와 욥바에서 병든 자를 고치고 죽은 자를 살리며 복음을 전한다. 이어 이방인 고넬료의 집에 초청받아 복음을 전하던 중 그들에게 성령이 임하고 방언을 말한다. 이 사건을 통해 복음이 유대인을 넘어 이방인, 곧 모든 사람에게 허락되었음이 드러난다. 이 소식을 들은 예루살렘교회는 이방인에게도 생명을 얻는 회개를 주신 하나님께 영광을 돌린다.

사도행전 10장 45-46절을 적어보세요.

③ 안디옥교회 설립과 헤롯의 박해(11:19-12:25)

흩어진 성도들이 안디옥에 이르러 헬라인에게도 복음을 전하여 안디옥교회가 세워진다. 이곳에서 처음으로 "그리스도인"이라는 명칭이 사용된다. 한편, 헤롯은 야고보를 죽이고 베드로를 옥에 가두었으나 하나님의 천사가 나타나 베드로를 극적으로 구출한다. 이후 헤롯은 하나님의 심판을 받아 벌레에 먹혀 죽음을 맞이한다.

사도행전 11장 26절을 적어보세요.

3) 사도행전 13-28장 | 땅 끝까지 이르는 복음 전파

(1) 바울의 1차 선교 여행(13:1-15:35)

① 바울과 바나바의 파송(13:1-12)

성령의 지시에 따라 바울과 바나바가 선교사로 파송된다. 두 사람은 구브로 섬에 도착하여 복음을 전하고, 바예수라 하는 마술사를 책망하며 하나님의 능력을 드러낸다. 총독 서기오 바울이 믿음을 갖게 되며, 이방 선교가 본격적으로 시작된다.

사도행전 13장 2절을 적어보세요.

② 비시디아 안디옥, 이고니온, 루스드라 선교(13:13-14:28)

바울은 비시디아 안디옥에서 복음을 전하다가 유대인의 선동으로 핍박을 받고 이고니온으로 옮겨간다. 하지만 그곳에서도 박해가 계속되자 루스드라로 이동한다. 루스드라에서는 걷지 못하는 사람이 일어나는 기적이 일어나고, 이를 본 무리가 바울과 바나바를 신으로 섬기려 하자 그들은 이를 강하게 만류한다. 유대인들의 선동이 계속되어 바울은 돌에 맞아 심한 고난을 겪는다. 그럼에도 다시 일어나 루스드라를

NOTE

거쳐 더베로 가서 복음을 전한다. 이후 자신이 지나온 지역들을 다시 방문하여 제자들을 격려하고 안디옥으로 돌아와 1차 선교 여행을 마무리한다.

사도행전 14장 22절을 적어보세요.

③ 예루살렘 회의(15:1-35)

이방인이 할례를 받지 않으면 구원을 받을 수 없다고 주장하는 사람들로 인해 교회 안에 분쟁이 일어난다. 이를 해결하기 위해 바울과 바나바는 예루살렘에 방문하여 사도들과 장로들과 함께 이 문제를 논의한다. 성령과 함께 베드로와 야고보는 이방인들에게 율법의 멍에를 지우지 않기로 합의하며 다만, '우상의 더러운 것'과 '음행'과 '목매어 죽은 것'과 '피'를 멀리할 것을 권면한다.

사도행전 15장 28-29절을 적어보세요.

(2) 바울의 2차 선교 여행(15:36-18:22)

① 2차 선교 여행의 시작과 마게도냐 환상(15:36-16:10)

바울과 바나바는 1차 선교 여행 당시 중도에 떠났던 마가 요한을 선교에 동참시킬지를 두고 갈등을 겪은 끝에 각기 다른 길로 떠난다. 바울은 실라와 디모데와 함께 수리아, 길리기아, 루스드라 등지를 순회하며 교회들을 견고히 세워나간다. 이후 바울은 마게도냐 사람의 환상을 보고 선교의 방향을 아시아에서 유럽으로 전환한다.

NOTE

사도행전 16장 9절을 적어보세요.

② 유럽 선교의 시작 - 빌립보, 데살로니가, 베뢰아, 아덴 전도(16:11-17:34)

바울 일행은 빌립보에서 자주색 옷감 장사 루디아를 통해 복음의 첫 열매를 맺는다. 그러나 점치는 귀신 들린 여종을 고쳐준 일을 계기로 누명을 쓰고 투옥된다. 감옥에 갇힌 바울과 실라가 밤중에 기도하고 찬송하자, 감옥이 흔들리며 옥문이 열리고 죄수들의 매인 것이 풀어지는 기적이 일어난다. 이 일을 통해 간수의 가정이 구원을 받고 빌립보에서의 복음 사역은 더욱 확장되어 간다. 이후 바울은 데살로니가와 베뢰아에서 복음을 전하며 거절과 수용이라는 상반된 반응을 경험한다. 아덴에서는 '알지 못하는 신'에 대해 언급하고 철학자들과 논증하며 복음을 변증한다.

사도행전 16장 25-26절을 적어보세요.

③ 고린도 사역과 여행 종료(18:1-22)

고린도에서 바울은 브리스길라와 아굴라 부부를 만나 함께 천막을 만들며 사역한다. 회당에서 복음을 전하자 유대인들의 반대가 심해지지만, 이방인 중심으로 교회가 세워진다. 이후 에베소를 잠시 방문하

NOTE

고, 예루살렘과 안디옥으로 귀환하면서 2차 선교 여행이 마무리된다.

사도행전 18장 9-10절을 적어보세요.

(3) 바울의 3차 선교 여행(18:23–21:16)

① 에베소 중심의 사역(18:23-19:41)

바울은 에베소에 머물며 회당과 두란노 서원에서 날마다 말씀을 가르치고, 병을 고치고 악한 영을 쫓아내는 능력을 행하며, 담대하게 복음을 전한다. 그의 사역을 통해 많은 이들이 회개하고 마술책들을 모아 불사르게 된다. 이로 인해 하나님의 말씀이 힘 있게 퍼져나가고 에베소 전역에 복음의 영향력이 확산된다. 그러나 아데미 여신의 신상을 섬기던 자들과 관련된 상인들의 반발로 도시에 큰 소동이 일어난다.

사도행전 19장 6절을 적어보세요.

② 유럽 지역 순회와 고별 설교(20장)

바울은 마게도냐와 아가야 지역을 순회하며 성도들을 격려하고 그들의 믿음을 굳게 세운다. 이후 고린도에서 석 달간 머물며 복음을 전한 후 예루살렘으로 돌아가는 여정을 시작한다. 바울은 귀환 길에 밀레도에서 에베소의 장로에게 고별 설교를 한다. 또한 자신이 모든 눈물과 수고로 복음을 전해온 사역을 되돌아보며, 앞으로 닥칠 결박과 환난을 기꺼이 감수할 준비가 되어 있음을 밝힌다.

NOTE

사도행전 20장 24절을 적어보세요.

③ 예루살렘 귀환 여정(21:1-16)

바울은 여러 지역을 지나 예루살렘을 향해 나아간다. 가이사랴에 도착했을 때 선지자 아가보가 바울이 결박될 것이라고 예언하자 제자들은 그가 예루살렘으로 가는 것을 말리려고 한다. 그러나 바울은 그들의 만류에도 뜻을 굽히지 않고 마침내 예루살렘에 도착한다.

사도행전 21장 13절을 적어보세요.

(4) 바울의 로마 선교 여행(21:17-28:31)

① 예루살렘 선교 보고와 바울의 체포(21:17-23:35)

바울은 예루살렘에 도착하여 이방 선교를 통해 맺은 열매를 보고한다. 그러나 성전에서 유대인들의 오해로 폭동이 일어나고, 그는 로마 군대에 의해 체포된다. 이후 공회 앞에 선 바울은 자신이 바리새인임을 밝히고 부활 신앙을 강조하여 논쟁을 유도한다. 그날 밤 주님은 바울에게 로마에서도 복음을 증언하게 될 것이라고 말씀하신다.

NOTE

사도행전 23장 11절을 적어보세요.

② 가이사라에서의 재판(24-26장)

바울은 가이사랴로 이송되어 벨릭스 총독, 베스도 총독, 아그립바 왕 앞에서 재판을 받는다. 그는 담대하게 복음을 전하며 자신의 무죄와 부활에 대한 소망을 변호한다. 특히 아그립바 왕 앞에서는 자신의 회심한 경험을 간증하며 누구든지 복음을 듣고 예수님을 믿게 되기를 바란다.

사도행전 26장 29절을 적어보세요.

③ 로마로 가는 항해와 복음 전파(27-28장)

바울은 죄수 신분으로 로마로 향하던 중 유라굴로 광풍을 만나 배가 난파되지만, 하나님의 약속대로 모든 사람이 생명을 보존받는다. 멜리데 섬에 머무는 동안 독사에 물렸음에도 해를 입지 않고, 병자들을 고치며 복음을 전한다. 로마에 도착한 바울은 집에서 구금된 상태로 유대인들과 이방인들에게 담대히 하나님의 나라를 선포하며 사역을 계속해 나간다.

사도행전 28장 31절을 적어보세요.

6. 절대 긍정, 절대 감사 Point

NOTE

1) 성령을 통한 절대 긍정의 역사

초대교회 성도들은 성령으로 충만하여 핍박과 위협 가운데에서도 담대하게 복음을 전했다. 생명의 위협을 받는 상황 속에서도 그들은 성령의 인도하심을 따라 담대한 믿음으로 복음을 전하는 삶을 멈추지 않았다. 이러한 모습은 오늘날 우리에게도 성령충만을 받고 절대 긍정의 믿음을 가지고 살아가야 할 본보기가 된다.

절대 긍정의 사람이 되려면 성령충만을 받아야 합니다. 성령충만을 받기 위해 결심해야 할 것이 무엇인지 적어보세요.

2) 교회, 절대 감사의 공동체

초대교회는 성령으로 충만하여 환난과 핍박 속에서도 감사하는 마음을 잃지 않았다. 그 감사는 교회를 건강하게 세우고, 계속해서 부흥의 역사를 이어가는 원동력이 되었다. 오늘날 우리도 성령충만을 받아 어떤 상황에서도 절대 감사하며 복음을 전하는 공동체가 되어야 한다.

고난 중에도 절대 감사를 하기 위해서 무엇을 해야 할지 적어보세요.

NOTE

7. 과제

1) 사도행전을 공부하면서 가장 은혜받았던 성경 구절을 적어봅시다.

2) 사도행전 강의를 통해 깨달은 점을 구체적으로 적어봅시다.

8. 장별 핵심 내용

NOTE

1:1-8:3 예루살렘에서의 복음 전파

1장 성령 약속, 예수님의 승천, 맛디아의 사도 임명
2장 오순절 성령 강림, 베드로의 첫 설교, 초대교회의 탄생
3장 성전 미문의 앉은뱅이 치유, 베드로의 두 번째 설교
4장 사도들의 체포와 석방, 담대한 복음 선포, 성도의 공동체 생활
5장 아나니아와 삽비라 사건, 사도들의 기사와 표적
6장 일곱 일꾼의 임명, 스데반에 대한 모함
7:1-8:3 스데반의 설교와 순교, 복음을 향한 박해의 본격화

8:4-12:25 유대-사마리아에서의 복음 전파

8:4-40 빌립의 사마리아 전도, 에티오피아 내시에게 복음 전함
9장 사울의 회심과 침례, 다메섹에서의 초기 사역
10장 베드로와 고넬료의 만남, 이방인에게 성령 임함
11장 베드로의 이방 선교 보고, 안디옥교회의 형성
12장 헤롯의 박해, 야고보의 순교, 베드로의 옥중 탈출과 헤롯의 죽음

13-28장 땅끝까지 이르는 복음 전파

13장 바울과 바나바의 파송, 1차 선교 여행 시작, 구브로 및 비시디아 안디옥 선교
14장 이고니온, 루스드라 등지에서의 복음 전파
15장 예루살렘 회의, 이방인 구원에 대한 공식 입장 정리
16장 2차 선교 여행 시작, 마게도냐 환상, 빌립보 복음 전파
17장 데살로니가와 베뢰아 전도, 아덴에서의 변증
18장 고린도 사역, 브리스길라와 아굴라의 동역, 안디옥으로 귀환
19장 에베소 사역, 회개와 부흥, 아데미 신전 사건
20장 마게도냐·아가야 순회, 밀레도에서의 고별 설교
21장 예루살렘 도착, 성전에서 체포됨
22장 바울의 변론과 로마 시민권 고백
23장 산헤드린 공회 출석, 부활 논쟁, 암살 모의, 가이사랴로 이송
24장 벨릭스 총독 앞에서 재판
25장 베스도 총독 앞에서의 심문, 아그립바 왕의 방문
26장 아그립바 왕 앞에서의 바울의 변론
27장 로마로 가는 항해, 풍랑과 난파
28장 멜리데 섬에서의 사역, 로마에서의 복음 전파

III. 서신서

로마서 | 고린도전서 | 고린도후서 |
갈라디아서 | 에베소서 | 빌립보서 | 골로새서 |
데살로니가전서 | 데살로니가후서 |
디모데전서 | 디모데후서 | 디도서 |
빌레몬서 | 히브리서 | 야고보서 |
베드로전서 | 베드로후서 |
요한일서 | 요한이서 | 요한삼서 | 유다서 |

로마서 *Romans*

"오직 의인은 믿음으로 살리라!"

NOTE

1. 들어가며

로마서는 사도 바울이 주후 57년경 고린도에서 로마교회 성도들의 믿음을 굳건히 세우기 위해 기록한 서신이다. 바울은 복음의 핵심 진리인 구원의 교리를 체계적으로 설명하고, 구원받은 성도들이 살아가야 할 윤리적 삶의 지침을 제시한다. 로마서는 죄, 구원, 은혜, 믿음, 의, 칭의, 성화 등 기독교 신학의 핵심 주제들을 다루는 중요한 서신이다.

2. 한눈에 보기

로마서는 크게 두 부분으로 나뉜다. 전반부(1-11장)는 구원의 교리를 설명하고, 후반부(12-16장)는 이 교리의 실제적 적용을 다룬다. 1-8장에서는 칭의와 성화의 과정을, 9-11장에서는 이스라엘을 향한 하나님의 구속 계획과 이방인의 구원을 설명하며, 12-16장에서는 의롭게 된 성도들의 삶에 대한 실천적 권면을 담고 있다.

3. 중심 메시지

1) 믿음으로 얻은 구원: 구원은 인간의 행위나 율법 준수를 통해 얻을

NOTE

수 없으며, 예수 그리스도의 은혜를 통해 값없이 주어지는 하나님의 선물이다. 하나님이 죄인인 인간을 의롭다고 인정하시는 것은 예수 그리스도의 십자가 대속의 공로에 근거한다. 그리스도의 신실함으로 의롭게 된 성도는 하나님이 주신 은혜 안에서 구원을 확신하며 살아갈 수 있다.

2) 하나님의 절대 주권: 구원은 전적으로 하나님의 주권적 선택과 은혜로 이루어진다. 하나님의 구원 계획은 이스라엘을 넘어 모든 민족을 포함한다. 비록 우리가 하나님의 방식을 완전히 이해할 수 없을지라도, 그분의 신실하심과 주권적 계획을 신뢰하고 순종하는 자세가 필요하다.

3) 실천하는 믿음: 참된 믿음은 반드시 삶의 변화와 실천으로 나타난다. 성도는 자신의 삶 전체를 하나님이 기뻐하시는 거룩한 산 제물로 드려야 한다. 이는 세상의 가치관을 따르지 않고, 하나님의 선하시고 기뻐하시고 온전하신 뜻을 분별하며 살아가는 것을 의미한다. 믿음은 삶의 열매로 증명된다.

4. 구조

<table>
<tr><th colspan="2">구분</th><th>범위</th><th>주요 내용</th></tr>
<tr><td rowspan="4">구원의 복음과 하나님의 의 (1-11장)</td><td>구원의 필요성</td><td>1:1-3:20</td><td>바울의 문안 인사와 복음, 인간의 죄와 하나님의 심판, 유대인과 율법</td></tr>
<tr><td>구원의 방법: 칭의</td><td>3:21-5:21</td><td>믿음으로 얻는 의, 칭의의 결과</td></tr>
<tr><td>구원의 과정: 성화</td><td>6-8장</td><td>그리스도와 연합한 성도, 율법으로부터의 해방, 성령의 역할</td></tr>
<tr><td>이스라엘의 구원</td><td>9-11장</td><td>이스라엘을 선택하신 하나님, 이스라엘의 불순종, 이방인과 이스라엘의 구원</td></tr>
<tr><td rowspan="2">그리스도인의 삶 (12-16장)</td><td>그리스도인의 윤리</td><td>12:1-15:13</td><td>하나님의 종으로서의 그리스도인, 세상 속에서의 그리스도인, 형제로서의 그리스도인</td></tr>
<tr><td>결론과 인사</td><td>15:14-16:27</td><td>바울의 사역과 계획, 문안 인사</td></tr>
</table>

NOTE

5. 내용 분석

1) 로마서 1-11장 | 구원의 복음과 하나님의 의

(1) 구원의 필요성(1:1–3:20)

① 바울의 문안 인사와 복음(1:1-17)

바울은 자신을 예수 그리스도의 종이자 사도로 소개하며, 로마교회 성도들의 믿음을 칭찬하고 그들을 방문하여 영적으로 교제하기를 원한다고 밝힌다. 그는 복음이 믿는 자에게 구원을 주시는 하나님의 능력이며, 이 복음에는 하나님의 의가 나타나서 믿음으로 믿음에 이르게 한다고 선언한다.

로마서 1장 17절을 적어보세요.

② 인간의 죄와 하나님의 심판(1:18-2:16)

바울은 하나님의 진노가 불의로 진리를 막는 모든 사람에게 임할 것이라고 경고한다. 또한 하나님의 심판은 외모로 사람을 차별하지 않으시며, 각 사람의 행위대로 공정하게 이루어짐을 강조한다. 선을 행하는 자에게는 영광과 존귀와 평강이 있을 것이며, 악을 행하는 자에게는 환난과 곤고가 있을 것이다.

로마서 2장 6절을 적어보세요.

③ 유대인과 율법(2:17-3:20)

NOTE

바울은 겉으로만 경건하면서 실제로는 율법을 어기는 유대인들의 위선을 지적한다. 유대인들은 할례가 하나님과의 관계를 보증한다고 믿었지만, 중요한 것은 하나님의 말씀에 순종하는 것이다. 하나님 앞에서 의인은 단 한 사람도 없다. 율법의 행위로는 의롭다 인정받을 수 없고 율법은 죄를 깨닫게 할 뿐이다.

로마서 3장 20절을 적어보세요.

(2) 구원의 방법: 칭의(3:21–5:21)

① 믿음으로 얻는 의(3:21-4:25)

모든 사람이 죄를 범하여 하나님의 영광에 이르지 못했으나, 예수 그리스도의 십자가 대속을 통해 하나님의 은혜로 값없이 의롭다 하심(칭의)을 얻게 되었다. 이것은 오직 예수 그리스도의 신실하심으로 인해 이루어진 것이기에 인간은 자신의 행위를 전혀 자랑할 수 없으며, 그분을 믿는 믿음을 통해 구원을 받는다.

로마서 3장 28절을 적어보세요.

NOTE

② **칭의의 결과(5장)**

의롭다 하심을 받은 성도는 하나님과 화평을 누리며, 그분의 영광을 바라고 즐거워하게 된다. 우리가 아직 죄인 되었을 때, 그리스도께서 우리를 위해 죽으심으로 하나님은 우리를 향한 그분의 사랑을 확증하셨다. 예수 그리스도의 순종으로 많은 사람이 의인이 되어 영원한 생명을 얻게 되었다.

로마서 5장 10절을 적어보세요.

(3) 구원의 과정: 성화(6-8장)

① 그리스도와 연합한 성도(6장)

성도는 그리스도와 연합하여 죄에 대해서는 죽고 하나님께 대해서는 산 자가 되었다. 이는 과거의 죄 가운데 사는 삶을 끊고 새 생명 안에서의 삶을 시작한다는 것을 뜻한다. 우리는 이제 더 이상 죄의 종이 아니라 의의 종으로서, 거룩함의 열매를 맺는 성화의 삶을 살아가야 한다. 이러한 성화의 과정은 궁극적으로 영생으로 이어진다.

로마서 6장 11절을 적어보세요.

NOTE

② 율법으로부터의 해방(7장)

누구든지 예수 그리스도를 믿기만 하면 더 이상 율법의 정죄 아래 있지 않다. 율법은 그 자체로 선하며 죄를 깨닫게 하지만, 죄는 율법을 이용해 인간을 속이고 죽음에 이르게 한다. 바울은 선을 행하고자 하면서도 자신 안에 악이 함께 있음을 탄식한다.

로마서 7장 21절을 적어보세요.

③ 성령의 역할(8장)

예수 그리스도 안에 있는 자에게는 정죄함이 없다. 이는 생명의 성령의 법이 죄와 사망의 법에서 우리를 해방했기 때문이다. 성령은 믿는 자 안에 내주하시며 우리가 육신을 따르지 않고 영을 따라 행하도록 도우시고 죄를 이기고 승리하는 삶을 살도록 능력을 주신다. 또한 우리의 연약함을 도우시며, 말할 수 없는 탄식으로 우리를 위해 친히 간구하신다.

로마서 8장 26절을 적어보세요.

(4) 이스라엘의 구원(9-11장)

① 이스라엘을 선택하신 하나님(9장)

바울은 동족 이스라엘이 복음을 거절한 현실을 안타까워하지만, 하나

NOTE

님의 약속이 실패한 것이 아님을 강조한다. 하나님은 자신의 긍휼을 따라 주권적으로 구원받을 자를 택하신다. 이방인들은 믿음으로 의를 얻었지만, 이스라엘은 믿음이 아닌 행위로 의를 구하므로 실족하게 된다.

로마서 9장 18절을 적어보세요.

② 이스라엘의 불순종(10장)

이스라엘은 하나님께 열심은 있으나 바른 지식이 없어 구원에 이르지 못한다. 구원은 마음으로 믿고 입으로 시인함으로 주어지며, 누구든지 주의 이름을 부르는 자는 구원을 얻는다. 믿음은 들음에서 나며, 들음은 그리스도의 말씀으로 온다. 그러나 이스라엘은 복음을 듣고도 순종하지 않는다.

로마서 10장 9절을 적어보세요.

③ 이방인과 이스라엘의 구원(11장)

하나님은 이스라엘을 완전히 버리신 것이 아니다. 이스라엘의 넘어짐은 오히려 이방인에게 구원이 임하도록 하려는 하나님의 섭리이다. 바울은 감람나무의 비유를 들어 이방인들에게 교만하지 말 것을 경고한다. 일부 이스라엘은 완악해졌지만, 결국 온 이스라엘이 구원을 받을 것이다. 바울은 인간의 이해를 뛰어넘는 하나님의 구원 계획을 찬양한다.

NOTE

로마서 11장 32절을 적어보세요.

2) 로마서 12-16장 | 그리스도인의 삶

(1) 그리스도인의 윤리(12:1–15:13)

① 하나님의 종으로서의 그리스도인(12장)

그리스도인은 자기 몸을 하나님이 기뻐하시는 거룩한 산 제물로 드려야 한다. 교회 안에서 성도들은 한 몸을 이루는 지체로서, 각자에게 주신 은사를 따라 겸손히 섬기며 서로 사랑하고 존경해야 한다. 또한 열심을 품고 주를 섬기며, 소망 중에 즐거워하고 환난 중에 인내하며 기도에 힘써야 한다. 더불어 악에 지지 말고 선으로 악을 이겨야 한다.

로마서 12장 1-2절을 적어보세요.

② 세상 속에서의 그리스도인(13장)

그리스도인은 세상의 통치자에게 복종해야 한다. 모든 권세는 하나님이 세우신 것이므로 이는 하나님의 질서를 존중하는 행위이다. 또한 사랑은 율법의 완성이므로 이웃을 사랑해야 하며, 주님의 재림이 가까운 이 때에 예수 그리스도로 옷 입고 단정히 행하며 거룩한 삶을 살아야 한다.

NOTE

로마서 13장 12절을 적어보세요.

③ 형제로서의 그리스도인(14:1-15:13)

교회는 믿음이 연약한 자를 비판하지 않고 받아들여야 한다. 성도는 다른 성도를 판단할 권한이 없으며, 오직 하나님만이 심판자이시다. 성도는 형제를 실족하게 하면 안 된다. 하나님의 나라는 먹고 마시는 것에 있지 않고, 오직 성령 안에 있는 의와 평강과 희락이다. 성도는 서로를 세워주며 화평을 이루는 일에 힘써야 한다.

로마서 14장 19절을 적어보세요.

(2) 결론과 인사(15:14-16:27)

① 바울의 사역과 계획(15:14-33)

바울은 자신이 이방인을 위한 복음의 제사장 직분을 감당하고 있음을 밝힌다. 그는 복음을 전하는 일에 있어 자랑할 것이 오직 그리스도 안에서의 열매뿐이라 고백한다. 또한 바울은 로마를 방문한 후 서바나까지 복음을 전하려는 계획을 밝히며, 로마교회 성도들에게 중보기도를 요청한다.

NOTE

로마서 15장 16절을 적어보세요.

② 문안 인사(16장)

바울은 뵈뵈를 추천하며 여러 명의 신실한 동역자들에게 문안 인사를 전한다. 또한 교회 안에 분열을 일으키는 자들을 주의하라고 경고하며, 깨어 있을 것을 권면한다. 마지막으로 로마교회 성도들을 복음으로 견고히 세우실 하나님께 찬양과 영광을 돌린다.

로마서 16장 19절을 적어보세요.

6. 절대 긍정, 절대 감사 Point

1) 믿음으로 사는 삶

구원은 인간의 노력이나 공로가 아니라 예수님의 신실하심으로 인해 주어진 믿음을 통해 얻을 수 있다. 따라서 우리는 어떤 상황에서도 값없이 주어진 구원의 은혜에 감사하며 절대 긍정의 믿음으로 살아야 한다.

나를 구원하신 하나님의 은혜에 대한 감사의 고백을 적어보세요.

NOTE

2) 말씀을 실천하는 삶

로마서는 믿음으로 구원받은 성도가 어떻게 살아가야 하는지를 가르친다. 하나님께 산 제물로 자신을 드리는 삶은 구원의 은혜에 대한 감사의 표현이다. 우리는 삶의 여러 관계 속에서 하나님의 뜻을 분별하고 말씀을 실천해야 한다. 절대 감사의 삶은 말씀에 순종함으로써 이루어진다.

최근 감사보다 불평이 나왔던 순간이 있다면, 그 상황 속에서 하나님의 말씀에 어떻게 순종할 수 있을지 적어보세요.

7. 과제

1) 로마서를 공부하면서 가장 은혜받았던 성경 구절을 적어봅시다.

2) 로마서 강의를 통해 깨달은 점을 구체적으로 적어봅시다.

8. 장별 핵심 내용

NOTE

1-11장 구원의 복음과 하나님의 의

1장 하나님의 의의 계시로서의 복음

2장 유대인과 이방인에 대한 심판

3장 믿음으로 말미암는 의

4장 칭의에 대한 구약의 예증

5장 칭의의 결과

6장 성화와 죄

7장 성화와 율법

8장 성화와 성령

9장 유대인의 구원 문제

10장 이스라엘의 불순종

11장 하나님의 이스라엘 구원 계획

12-16장 그리스도인의 삶

12장 믿음으로 의를 얻은 자의 삶

13장 국가와 사회생활의 윤리

14장 성도의 자유와 한계

15장 구원받은 이방인들을 향한 메시지

16장 문안 인사와 축복

고린도전서 *1 Corinthians*

"사랑으로 덕을 세우는 교회"

NOTE

1. 들어가며

고린도전서는 사도 바울이 3차 선교 여행 중 에베소에서 고린도교회에 보낸 서신이다. 이 서신은 당시 고린도교회가 직면한 여러 문제들에 대한 바울의 신앙적, 윤리적 가르침을 담고 있다. 바울은 그리스도의 사랑을 특별히 강조하며, 사랑으로 하나 되어 문제를 해결하고 교회를 바르게 세워나갈 것을 권면한다.

2. 한눈에 보기

고린도전서는 총 16장으로 구성되어 있으며, 바울은 고린도교회에서 일어난 분열과 문제들을 바로잡고자 한다. 더불어 교회가 바울에게 문의한 '결혼과 독신 생활', '우상에게 바친 제물을 먹는 문제', '성령의 은사', '가난한 성도들을 위한 헌금 방법' 등의 주제들에 대해 교리적 가르침과 실천적 권면을 제시한다.

3. 중심 메시지

1) 그리스도의 십자가: 교회는 그리스도의 십자가 사역 위에 세워졌

NOTE

다. 구원은 오직 십자가의 은혜로 주어진 것이므로, 누구도 자신을 내세우거나 자랑할 수 없다. 믿음으로 구원받은 성도들은 교만과 분열을 버리고 십자가 안에서 하나 되어야 한다.

2) 그리스도를 본받는 삶: 성숙한 그리스도인의 삶은 복음 전파와 다른 성도의 유익을 위해 자신의 자유와 권리를 기꺼이 절제하고 포기하는 것이다. 이는 하나님의 아들이시면서도 그 권리를 내려놓고 고난받는 종의 길을 선택하신 예수 그리스도를 본받는 삶이다.

3) 교회를 세우는 사랑: 사랑은 교회를 세우는 가장 중요한 신앙 덕목이다. 십자가의 은혜를 경험한 그리스도인들이 보여주어야 할 최고의 열매는 사랑이다. 성령의 은사를 사용하는 것을 포함한 모든 행위는 개인의 유익이나 만족을 넘어, 사랑 안에서 교회의 덕을 세우고 공동체를 유익하게 하는 것을 목표로 해야 한다.

4. 구조

<table>
<tr><th colspan="2">구분</th><th>범위</th><th>주요 내용</th></tr>
<tr><td rowspan="2">고린도교회의 문제
(1-6장)</td><td>교회의 분열</td><td>1-4장</td><td>바울의 문안 인사, 고린도교회의 분쟁, 바울의 경고 및 권면</td></tr>
<tr><td>교회의 타락</td><td>5-6장</td><td>근친상간, 성도 간의 법정 소송, 음행</td></tr>
<tr><td rowspan="4">고린도교회의 질문에 대한 답변
(7-16장)</td><td>개인적 문제</td><td>7-10장</td><td>결혼, 우상 제물, 사도의 권리와 자유, 이스라엘의 실패 교훈</td></tr>
<tr><td>예배와 은사의 문제</td><td>11-14장</td><td>예배에서 남자와 여자의 모습, 성만찬, 성령의 은사와 교회의 하나 됨, 사랑의 본질, 질서 있는 은사의 사용</td></tr>
<tr><td>부활의 교리</td><td>15장</td><td>부활의 의미와 중요성</td></tr>
<tr><td>연보와 마무리 인사</td><td>16장</td><td>연보에 관한 교훈, 바울의 개인적 권면과 당부</td></tr>
</table>

NOTE

5. 내용 분석

1) 고린도전서 1-6장 | 고린도교회의 문제

(1) 교회의 분열(1–4장)

① 바울의 문안 인사(1:1-9)

바울은 고린도교회 성도들에게 그들이 그리스도 예수 안에서 거룩하게 된 사실을 상기시키며 은혜와 평강을 전한다. 그는 고린도교회 성도들이 말과 지식에 풍성하고 그리스도의 증거가 견고하며 모든 은사에 부족함이 없음을 감사한다. 또한 하나님이 그들을 끝까지 붙드셔서 그리스도의 날에 책망받지 않게 하실 것이라고 격려한다.

고린도전서 1장 7절을 적어보세요

② 고린도교회의 분쟁(1:10-2:16)

바울은 고린도교회가 네 개의 분파(바울, 아볼로, 게바, 그리스도)로 나뉘어 있다는 소식을 듣게 된다. 이러한 분열은 인간의 지혜와 능력에 의존하는 교만에서 비롯된 것이다. 바울은 예수 그리스도만이 유일한 진리임을 강조하며, 오직 하나님의 은혜만을 자랑하고 주 안에서 같은 마음과 뜻을 품어 하나가 될 것을 권면한다.

고린도전서 1장 10절을 적어보세요.

NOTE

③ 바울의 경고 및 권면(3-4장)

바울은 시기와 분쟁 가운데 있는 고린도교회 성도들에게 그들이 여전히 육신에 속해 있음을 지적한다. 사역자는 심거나 물을 줄 뿐, 자라게 하시는 이는 하나님이시며, 하나님의 성전인 교회를 더럽히는 자는 하나님이 멸하신다고 경고한다. 그러므로 사람을 자랑하지 말고 모든 것이 하나님께 속한 것임을 기억하며 겸손히 살아갈 것을 권면한다. 또한, 자신이 사도로서 겪는 고난을 언급하며 자신을 본받을 것을 요청한다.

고린도전서 3장 7절을 적어보세요.

....

....

(2) 교회의 타락(5-6장)

① 근친상간(5장)

고린도교회는 근친상간의 죄를 묵인했다. 바울은 이를 강하게 꾸짖으며 그 죄를 범한 자와 교제하지 말라고 경고한다. 이는 그가 회개하도록 이끌고, 음행의 누룩이 교회 전체로 퍼지는 것을 막기 위함이다.

고린도전서 5장 7절을 적어보세요.

....

....

② 성도 간의 법정 소송(6:1-11)

고린도교회 성도들은 내부 문제를 교회에서 해결하지 않고 세상 법정에 소송을 제기했다. 바울은 성도들이 서로를 고발하는 것보다 차라

NOTE

리 손해를 보는 것이 낫다고 권면하며, 교회 공동체 안에서 문제를 해결할 것을 강조한다.

고린도전서 6장 7절을 적어보세요.

③ 음행(6:12-20)

고린도교회 성도 중에는 그리스도인의 자유를 오해하여 모든 행동이 허용된다고 생각하는 이들이 있었다. 바울은 성도의 몸은 하나님이 주신 것이며 성령이 거하는 성전임을 강조한다. 따라서 성도는 자신의 몸을 부도덕한 행위에 사용해서는 안 되며, 몸으로 하나님께 영광을 돌려야 한다.

고린도전서 6장 19-20절을 적어보세요.

2) 고린도전서 7-16장 | 고린도교회의 질문에 대한 답변

(1) 개인적인 문제(7–10장)

① 결혼(7장)

부부는 동등한 관계로서 서로에게 정신적, 육체적 의무를 다해야 한다. 독신의 은사가 있는 사람은 독신으로 살아도 좋으나, 정욕을 절제하기 어려운 경우에는 결혼하는 것이 낫다. 그리스도인은 이혼을 피해야 하며, 미혼자는 주를 섬기기 위해 독신으로 살 수 있다. 다만 이는 바울의 개인적 권면임을 밝힌다.

NOTE

고린도전서 7장 1-2절을 적어보세요.

② 우상 제물(8장)

고린도교회 성도 중 일부는 '우상은 아무것도 아니다'라는 지식을 근거로 우상 제물을 거리낌 없이 먹었으나, 다른 이들은 이를 죄로 여겼다. 바울은 자신의 지식이나 자유가 다른 성도들을 시험에 들게 해서는 안 되며, 자유가 믿음이 연약한 자들에게 걸림돌이 되어서는 안 된다고 가르친다.

고린도전서 8장 1절을 적어보세요.

③ 사도의 권리와 자유(9장)

바울은 사도로서 누릴 수 있는 권리가 있음에도 불구하고 복음 전파에 방해가 되지 않도록 이를 포기한다. 그가 자유를 누리기보다는 복음을 전하는 대상에 자신을 맞추려 노력하는 이유는 복음에 참여하여 하늘의 상급을 얻기 위함이다.

NOTE

고린도전서 9장 27절을 적어보세요.

④ 이스라엘의 실패 교훈(10장)

바울은 고린도교회 성도들에게 이스라엘 백성이 우상 제물을 먹고 음행하다가 광야에서 멸망한 사건을 교훈으로 든다. 그리스도인은 이스라엘 백성처럼 넘어질 수 있음을 경계해야 하며, 다른 사람의 유익을 위해 자유를 절제하고 무엇을 하든지 하나님의 영광을 위해 행해야 한다.

고린도전서 10장 31절을 적어보세요.

(2) 예배와 은사의 문제(11-14장)

① 예배에서 남자와 여자의 모습(11:1-16)

바울은 예배 안에서 남성과 여성 모두가 하나님 앞에 합당하고 경건한 태도를 갖추기를 권면한다. 특히 당시 문화에서 여성이 머리를 가리는 것은 겸손과 존중의 표현으로 여겨졌기에, 바울은 그 문화적 맥락을 고려하여 질서있는 예배의 모습을 제시한다. 그러나 동시에 남녀가 모두 하나님 앞에서 동등한 존재임을 강조하며, 성도들이 질서를 지키면서도 서로를 존중해야 함을 가르친다.

NOTE

고린도전서 11장 11절을 적어보세요.

② 성만찬(11:17-34)

바울은 부유한 자들이 먼저 배불리 먹고, 늦게 온 가난한 자들은 굶게 되는 불합리한 성만찬 관행을 비판한다. 성만찬은 그리스도의 죽음을 기념하고, 주님의 재림을 소망하며, 교회 공동체의 연합을 실천하는 자리이다. 합당하지 않게 성만찬에 참여하는 것은 죄이므로, 각 사람은 자신을 살피고 올바른 태도로 참여해야 한다.

고린도전서 11장 28-29절을 적어보세요.

③ 성령의 은사(12장)

바울은 성령께서 각 사람에게 다양한 은사를 주셨으며, 이는 교회의 유익을 위한 것임을 강조한다. 그는 교회를 하나의 몸에 비유하면서, 지체마다 다르지만 모두가 필요하고 소중하다고 말한다. 그러므로 성도는 은사를 자랑하거나 비교할 것이 아니라 하나님의 뜻에 따라 주어진 은사를 통해 공동체를 세우는 데 힘써야 한다.

NOTE

고린도전서 12장 26절을 적어보세요.

④ 사랑의 우월성(13장)

아무리 은사가 뛰어나도 사랑이 없으면 아무 소용이 없다. 사랑은 오래 참고 친절하며 시기하지 않으며 자랑하지 않으며 교만하지 않으며 무례하지 않으며 자기 유익을 구하지 않으며 성내지 않으며 원한을 품지 않으며 불의를 기뻐하지 않으며 진리와 함께 기뻐하고 모든 것을 덮어 주고 모든 것을 믿으며 모든 것을 바라고 모든 것을 견딘다. 성도는 성령의 은사를 사모하되 모든 것을 사랑 안에서 행해야 한다.

고린도전서 13장 13절을 적어보세요.

⑤ 방언과 예언(14장)

바울은 방언과 예언을 비교하며 특별히 예언을 하라고 권면한다. 그렇다고 바울이 방언을 예언보다 덜 중요하게 여긴 것은 아니다. 오히려 바울은 자신이 누구보다 방언을 더 많이 한다고 밝힌다. 다만 공적인 예배 안에서는 교회의 덕을 세우기 위해 예언이 더 유익하다고 강조한다. 또한 바울은 예언이 단순히 미래의 일을 말하는 것이 아니라 덕을 세우고 권면하며 위로하는 것이라고 설명한다.

NOTE

고린도전서 14장 2-3절을 적어보세요.

(3) 부활의 교리(15장)

바울은 부활을 부인하는 자들에게 부활이 복음의 핵심임을 강조한다. 그리스도의 부활은 믿는 자들의 부활을 확증하며, 부활의 몸은 썩지 않고 영광스러우며 강하고 그리스도의 형상을 입게 된다. 부활 신앙은 그리스도인을 헛되지 않은 수고와 소망으로 이끈다.

고린도전서 15장 58절을 적어보세요.

(4) 연보와 마무리 인사(16장)

① 연보에 대한 교훈(16:1-12)

바울은 예루살렘교회를 위한 모금을 위해 각 성도가 매주 첫날 수입에 따라 미리 헌금을 모아둘 것을 권면한다. 바울은 에베소를 떠나 마게도냐를 순회할 계획이며, 겨울에 고린도교회에 머물기를 원한다.

고린도전서 16장 7절을 적어보세요.

NOTE

② 바울의 개인적 권면과 당부(16:13-24)

바울은 깨어 믿음에 굳게 서서 남자답게 강건하며 모든 일을 사랑으로 행할 것을 권면한다. 또한 스데바나를 비롯한 교회의 지도자들에게 순종할 것을 당부한다. 바울은 고린도교회를 축복하고 교회에 대한 자신의 사랑을 표현하며 편지를 마친다.

고린도전서 16장 13-14절을 적어보세요.

6. 절대 긍정, 절대 감사 Point

1) 십자가 안에서 사랑으로 하나 되는 삶

교회는 그리스도의 십자가 죽음과 부활 위에 세워진 공동체이다. 모든 성도는 십자가의 은혜로 구원받았기에 자랑할 것이 없으며, 겸손과 사랑으로 하나가 되어야 한다. 어떤 상황에서도 시기와 분쟁이 아니라 절대 긍정, 절대 감사로 하나 되어 하나님께 영광을 돌려야 한다.

시기나 분쟁이 일어날 때, 내가 실천할 수 있는 말이나 행동에는 어떤 것들이 있을지 적어보세요.

2) 복음을 위해 자기를 포기하는 삶

그리스도인의 삶은 자신의 지식이나 자유를 좇는 것이 아니라 복음 전파와 공동체의 유익을 위해 자발적으로 권리와 자유를 내려놓는 것

NOTE

이다. 이는 예수 그리스도께서 보여주신 자기희생과 섬김의 삶을 본받는 성숙한 신앙인의 자세이다. 우리는 자신의 자유가 타인에게 걸림돌이 되지 않도록 주의하며, 복음의 가치를 최우선으로 두어야 한다.

복음을 위해 기꺼이 내려놓을 수 있는 나의 권리나 자유를 한 가지 적어보세요.

7. 과제

1) 고린도전서를 공부하면서 가장 은혜받았던 성경 구절을 적어봅시다.

2) 고린도전서 강의를 통해 깨달은 점을 구체적으로 적어봅시다.

NOTE

8. 장별 핵심 내용

1-6장 고린도교회의 문제

1장 바울의 문안 인사, 고린도교회의 분열 및 바울의 책망, 십자가의 도

2장 하나님의 지혜, 성령의 계시

3장 교회의 기초와 사역자의 역할

4장 사도직의 겸손과 바울의 권면

5장 음행과 교회의 징계

6장 소송과 성도의 몸

7-16장 고린도교회의 질문에 대한 답변

7장 결혼, 이혼, 독신에 관한 문제

8장 우상에 바친 음식 문제

9장 사도의 권리와 복음 전파

10장 우상 숭배에 대한 경고

11장 예배 시 머리 수건과 성만찬에 관한 문제

12장 성령의 은사

13장 사랑

14장 방언과 예언의 사용 원칙과 질서

15장 부활의 교리

16장 연보에 대한 교훈과 문안, 축도

NOTE

고린도후서 *2 Corinthians*

"누가 그리스도의 참 사도인가"

NOTE

1. 들어가며

고린도후서는 사도 바울이 고린도교회에 보낸 서신이다. 바울은 고린도전서와 같이 교회 내 여러 문제를 해결하며 자신의 사도직을 변호하고자 했다. 이 서신에는 바울의 인간적인 면모가 더욱 깊이 드러나며, 그의 개인적이고 자서전적인 고백뿐 아니라 금언(格言) 형식의 교훈들도 많이 포함되어 있다.

2. 한눈에 보기

고린도후서는 크게 세 부분으로 구성된다. 1-7장에서는 바울이 자신의 사도권을 변호하고 고린도교회를 향한 깊은 애정을 표현한다. 8-9장에서는 예루살렘교회를 돕기 위한 구제 헌금의 중요성을 강조하며 고린도교회 성도들의 참여를 독려한다. 10-13장에서는 바울을 비난하는 이들을 향해 자신의 사도직의 정당성을 다시 한번 강력히 변호한다.

3. 중심 메시지

1) 바울 사도직의 정당성: 바울은 복음을 전하는 과정에서 겪은 고난

NOTE

과 희생으로 자신의 사도직을 입증한다. 사도직은 오직 그리스도의 영광을 위한 것이므로, 자신을 내세우지 않고 오직 주님만을 자랑해야 한다.

2) 고난의 유익: 바울은 자신과 동역자들이 고난을 겪었을 때 하나님의 위로를 받았음을 고백한다. 이러한 고난은 그들의 믿음을 굳건하게 하고 영적 성숙을 이루게 했으며, 나아가 다른 이들을 위로하는 능력의 통로가 되었다.

3) 참된 교회의 모습: 교회는 하나님을 경외하며 세상과 구별된 거룩함을 온전히 이루어야 한다. 또한 어려움에 처한 교회와 이웃을 돕는 일에 적극적으로 참여하고, 모든 일을 통해 하나님께 영광을 돌려야 한다.

4. 구조

구분		범위	주요 내용
사역에 대한 바울의 설명 (1-7장)	바울의 간증과 해명	1-2장	바울의 간증, 바울의 해명
	사도의 직무	3-5장	새 언약의 일꾼, 질그릇에 담긴 보배, 화목의 사역
	바울의 권면	6-7장	바울의 모범과 권면, 바울의 기쁨
헌금에 대한 바울의 권면 (8-9장)	헌금의 원리	8-9장	헌금의 모범, 헌금의 원칙과 방법
사도직에 대한 바울의 변호 (10-13장)	바울의 사도성	10:1-12:13	사도직 변호, 바울의 자랑
	고린도 방문 계획과 권면	12:14-13:13	고린도 방문 계획, 마지막 권면과 인사

NOTE

5. 내용 분석

1) 고린도후서 1-7장 | 사역에 대한 바울의 설명

(1) 바울의 간증과 해명(1-2장)

① 바울의 간증(1:1-11)

바울은 자신이 하나님의 뜻으로 사도가 되었음을 강조한다. 이는 고린도교회에서 바울의 사도성을 의심하고 그의 권위에 도전하는 일이 있었기 때문이다. 이어 바울은 아시아에서 겪은 고난을 회상하며, 그 고난을 통해 오직 하나님만을 의지하는 법을 배웠고 그 경험을 통해 고난받는 이들을 위로할 수 있게 되었다고 고백한다.

고린도후서 1장 5절을 적어보세요.

② 바울의 해명(1:12-2:17)

바울은 고린도 방문 계획 변경에 관한 비난을 받자, 그동안 고린도교회 성도들을 오직 거룩함과 진실함으로 대해왔음을 강조한다. 그는 고린도 방문 계획을 변경한 것이 교회를 향한 사랑과 배려에서 비롯된 결정이었음을 해명한다.

고린도후서 1장 23절을 적어보세요.

(2) 사도의 직무(3-5장)

NOTE

① 새 언약의 일꾼(3장)

바울은 사도직의 자격이 사람의 추천서가 아니라 하나님께로부터 비롯된 것임을 강조한다. 그는 율법에 기반한 옛 언약이 죽음을 가져오는 반면, 성령이 주시는 새 언약은 생명을 주며, 모세의 직분보다 새 언약의 사도직이 더 우월하다고 밝힌다. 또한 율법 아래 있는 유대인들도 주님께 돌아오기만 하면 영적 무지에서 벗어나, 새 언약 안에서 참된 자유를 누릴 수 있다고 말한다.

고린도후서 3장 6절을 적어보세요.

② 질그릇에 담긴 보배(4장)

하나님이 귀한 보배와 같은 복음을 질그릇 같은 우리 안에 담아주신 이유는 복음의 능력이 전적으로 하나님께 있음을 나타내시기 위함이다. 그리스도께서 모든 사람에게 생명을 주시고자 고난을 당하셨듯이, 그리스도인 또한 복음을 전하며 고난을 감내해야 한다.

고린도후서 4장 7절을 적어보세요.

③ 화목의 사역(5장)

바울은 하늘에 있는 영원한 집을 소망하며, 믿음으로 행하고 주님을

NOTE

기쁘시게 하는 자가 되기를 원한다. 그는 그리스도의 사랑에 붙잡혀 이제는 자기를 위해 살지 않고, 그리스도를 위해 사는 자로서 '화목의 사신'이 되었음을 고백한다. 그리스도 안에 있는 자는 새로운 피조물이 되었기에, 하나님과의 화목을 이루는 사명에 헌신해야 한다.

고린도후서 5장 17절을 적어보세요.

(3) 바울의 권면(6–7장)

① 바울의 모범과 권면(6:1-7:1)

바울은 사도직을 수행하면서 많은 고난을 겪었으나, 인내로써 그리스도인의 삶을 몸소 실천했다. 하나님은 그의 사역과 함께하시어 풍성한 열매를 맺게 하셨다. 바울은 고린도교회 성도들에게 하나님을 경외하며 거룩한 삶을 살 것을 권면한다.

고린도후서 7장 1절을 적어보세요.

② 바울의 기쁨(7:2-16)

바울은 고린도교회의 불신과 오해에도 불구하고 여전히 그들을 신뢰하며, 환난과 핍박 속에서도 그들로 인해 기뻐한다. 또한 디도를 통해 고린도교회 성도들이 회개했다는 소식을 듣고 위로를 얻는다.

NOTE

고린도후서 7장 6절을 적어보세요.

2) 고린도후서 8-9장 | 헌금에 대한 바울의 권면

(1) 헌금의 원리(8–9장)

① 헌금의 모범(8장)

마게도냐교회는 극심한 환난과 가난 속에서도 유대 지역 교회를 위해 기꺼이 구제 헌금을 모았다. 바울은 이러한 마게도냐교회의 모범을 들어 고린도교회 성도들에게 구제 헌금에 적극적으로 동참할 것을 권면한다.

고린도후서 8장 9절을 적어보세요.

② 헌금의 원칙과 방법(9장)

바울은 성도들에게 헌금의 올바른 자세를 가르친다. 헌금은 미리 준비하고 마음에 정한 대로 해야 하며 인색하거나 억지로 해서는 안 된다. 그리하면 하나님이 풍성한 복을 주시고 의의 열매를 더하게 하신다.

NOTE

고린도후서 9장 8절을 적어보세요.

3) 고린도후서 10-13장 | 사도직에 대한 바울의 변호

(1) 바울의 사도성(10:1–12:13)

① 사도직 변호(10장)

바울의 대적자들이 그의 사도직을 부정하며 그가 전한 복음을 비방하자, 바울은 자신의 무기는 육신에 속한 것이 아니라 하나님의 능력에서 비롯됨을 선포한다.

고린도후서 10장 4-5절을 적어보세요.

② 바울의 자랑(11:1-12:13)

바울은 대적자들이 내세우는 신분이나 계시 체험과 같은 평가 기준에서 결코 뒤지지 않았다. 하지만 그는 모든 것을 뒤로하고 오히려 자신의 약함을 자랑한다. 그의 약함이야말로 그리스도의 능력이 그에게 머물게 하는 통로였기 때문이다.

NOTE

고린도후서 12장 9절을 적어보세요.

(2) 고린도 방문 계획과 권면(12:14–13:13)

① 고린도 방문 계획(12:14-12:21)

바울은 세 번째 고린도 방문을 준비한다. 그는 자신의 목적이 고린도 교회 성도들 자체에 있음을 밝히며, 그들을 향한 깊은 사랑을 표현한다. 또한 자신과 동역자들이 고린도교회로부터 어떠한 이득도 취하지 않았음을 강조하며, 이번 방문이 용서와 화해의 계기가 되기를 소망한다.

고린도후서 12장 14절을 적어보세요.

② 마지막 권면과 인사(13장)

바울은 고린도교회 성도들에게 자신들이 믿음 안에 머물러 있는지 스스로 점검하라고 권면한다. 그는 성도들이 죄에서 벗어나 선을 행하며 복음의 진리를 온전히 따라 살기를 소망한다.

고린도후서 13장 5절을 적어보세요.

NOTE

6. 절대 긍정, 절대 감사 Point

1) 고난의 유익을 맛보는 삶

바울은 고난을 통해 넘치는 하나님의 위로를 경험하고, 성숙한 믿음과 다른 이를 위로할 수 있는 능력을 얻게 되었음을 고백한다. 하나님은 고난을 통해 우리의 믿음을 연단하시고 우리의 지경을 넓혀 주신다. 고난 중에서도 절대 긍정 절대 감사의 자세를 잃지 않고 하나님만을 의지한다면, 반드시 고난의 유익을 경험하게 될 것이다.

당시에는 고난을 겪었지만 지금 돌아보니 유익이 되었다고 생각하는 경험을 적어보세요.

2) 구제를 실천하는 삶

믿는 자들은 자발적이고 기쁜 마음으로 구제를 실천해야 한다. 하나님이 먼저 우리를 사랑하셔서 예수 그리스도를 통해 모든 것을 아낌없이 주셨기 때문이다. 우리는 어려운 이웃을 돕는 일을 통해 하나님의 사랑을 나누고 하나님께 영광을 돌려야 한다.

내가 실천할 수 있는 구제에는 무엇이 있는지 적어보세요.

7. 과제

NOTE

1) 고린도후서를 공부하면서 가장 은혜받았던 성경 구절을 적어봅시다.

2) 고린도후서 강의를 통해 깨달은 점을 구체적으로 적어봅시다.

NOTE

8. 장별 핵심 내용

1-7장 사역에 대한 바울의 설명

1장 바울의 간증과 해명

2장 용서, 화해, 그리스도의 향기

3장 새 언약의 영광과 직분

4장 질그릇 속 보배

5장 화목하게 하는 직분과 새로운 피조물

6장 하나님의 동역자

7장 회개로 인한 기쁨과 위로

8-9장 헌금에 대한 바울의 권면

8장 헌금의 모범

9장 헌금의 원칙과 방법

10-13장 사도직에 대한 바울의 변호

10장 사도직 변호와 영적 권위

11장 거짓 사도들에 대한 경계, 바울의 자랑

12장 환상과 계시

13장 마지막 권면

NOTE

갈라디아서 *Galatians*

"믿음으로 말미암는 의"

NOTE

1. 들어가며

갈라디아서는 사도 바울이 갈라디아교회에 보낸 서신이다. 바울이 갈라디아교회에 복음을 전하고 떠난 후, 교회에 거짓 선생들이 들어와 구원이 율법의 행위로 주어진다는 잘못된 복음을 전했다. 이에 바울은 이 서신을 통해 복음의 진리를 선포하고 성도들이 그리스도께서 주신 복음 안에 굳건히 서도록 권면한다.

2. 한눈에 보기

바울은 1-2장에서 자신이 전한 복음이 사람의 뜻이 아닌 하나님의 계시를 통해 온 것임을 강조한다. 3-4장에서는 구원은 율법의 행위가 아닌 믿음을 통해 얻어진다는 것과 그리스도께서 우리를 율법의 속박에서 자유롭게 하셨음을 선포한다. 5-6장에서는 성령의 인도하심을 따라 그리스도 안에서 얻은 자유를 누리며, 성령의 열매를 맺는 삶을 살아가야 함을 권면한다.

3. 중심 메시지

NOTE

1) 복음의 진정성: 바울은 자신이 전한 복음이 사람의 전통이나 율법에서 비롯된 것이 아닌, 그리스도로부터 직접 받은 하나님의 계시임을 선포한다. 그는 자신이 전한 복음 외에 다른 복음은 없으며, 구원은 오직 예수 그리스도를 통해 주어진 하나님의 은혜로만 가능함을 역설한다.

2) 믿음으로 의롭다 함을 받음: 죄인들이 의롭게 되는 것은 율법의 행위가 아닌, 오직 예수 그리스도를 믿는 믿음으로 말미암는다. 율법을 지켜 의롭다 함을 얻으려는 모든 인간적인 노력은 헛되며, 구원은 인간의 공로나 노력이 아닌 전적인 하나님의 은혜요 선물이다.

3) 자유의 복음: 바울은 그리스도께서 우리를 율법의 속박과 저주로부터 해방하시어 자유를 주셨다고 선언한다. 이 자유는 죄와 율법의 억압에서 벗어나, 그리스도 안에서 하나님과의 바른 관계를 맺고 성령을 따라 살아가는 새로운 삶의 시작을 의미한다.

4. 구조

구분	범위	주요 내용
바울의 사도직과 복음의 진위	1-2장	다른 복음에 대한 경고와 바울의 사도직 변증, 바울이 전한 복음
믿음과 율법	3-4장	믿음으로 의롭게 됨, 약속과 율법, 율법으로부터의 자유
성령과 믿음의 삶	5-6장	그리스도와 율법, 성령을 따르는 삶, 바울의 권면

NOTE

5. 내용 분석

1) 갈라디아서 1-2장 | 바울의 사도직과 복음의 진위

(1) 다른 복음에 대한 경고와 바울의 사도직 변증(1장)

바울은 갈라디아교회에서 다른 복음을 따르는 현상을 지적하며, 그리스도의 복음 외에 다른 복음을 전하는 자들은 저주를 받게 될 것이라고 경고한다. 또한 자신이 예수 그리스도와 하나님의 부르심을 받은 사도임을 강조하며, 복음을 전한 권위가 인간의 뜻이 아닌 하나님의 계시에서 비롯되었음을 설명한다.

갈라디아서 1장 9절을 적어보세요.

(2) 바울이 전한 복음(2장)

바울의 사역은 예루살렘교회의 주요 지도자들로부터 인정받았다. 바울은 할례자들의 비난이 두려워 이방인과의 식사 자리를 피한 베드로를 공개적으로 책망한다. 그는 율법의 행위가 아닌 예수 그리스도의 신실하심을 통해서 의롭게 된다는 것을 강조하며 율법주의를 철저히 경계한다.

갈라디아서 2장 20절을 적어보세요.

2) 갈라디아서 3-4장 | 믿음과 율법

NOTE

(1) 믿음으로 의롭게 됨(3:1-14)

갈라디아교회 성도들은 율법의 행위가 아니라 믿음을 통해 성령을 받았다. 유대인의 조상 아브라함 또한 그의 믿음으로 인해 의롭다 칭함을 받았다. 그러므로 믿음이 있는 자는 아브라함과 함께 복을 받는다. 율법의 행위로 구원을 받으려 하면 오히려 율법의 저주 아래 놓이게 된다. 하나님 앞에서 율법으로는 누구도 의롭게 될 수 없다.

갈라디아서 3장 9절을 적어보세요.

(2) 약속과 율법(3:15-29)

하나님의 약속은 율법보다 먼저 주어졌으며, 율법이 이를 폐기하거나 변경할 수 없다. 율법은 죄를 드러내고 그리스도께로 인도하기 위해 주어진 '초등교사'의 역할을 한다. 율법 자체는 의롭게 하거나 생명을 줄 수 없다. 이제 그리스도를 믿음으로 율법의 역할은 끝났으며, 누구나 차별 없이 약속의 상속자인 하나님의 자녀가 되었다.

갈라디아서 3장 26절을 적어보세요.

NOTE

(3) 율법으로부터의 자유(4장)

하나님은 믿는 자들의 마음에 성령을 보내셔서 그들이 하나님을 아버지라 부를 수 있게 하시고, 그들을 하나님의 상속자로 삼아주셨다. 바울은 갈라디아교회 성도들이 다시 율법주의로 돌아가 율법의 종이 되려는 것을 경계하며 경고한다.

갈라디아서 4장 6-7절을 적어보세요.

3) 갈라디아서 5-6장 | 성령과 믿음의 삶

(1) 그리스도와 율법(5:1-12)

바울은 갈라디아교회 성도들에게 다시는 종의 멍에를 메지 말 것을 당부한다. 율법으로 의롭다 함을 얻으려 하면 그리스도와 끊어지게 된다. 율법주의와 거짓 교훈에 현혹된 이들은 마치 누룩과 같아서 결국 심판을 받게 될 것이다.

갈라디아서 5장 1절을 적어보세요.

(2) 성령을 따르는 삶(5:13-26)

성령과 육체의 소욕은 서로 대적하여 끊임없이 대립한다. 그러므로 성령을 따라 행하여 육체의 욕망을 좇지 말아야 한다. 육체의 일(음행, 우상숭배, 분쟁 등)을 행하는 자는 하나님 나라를 유업으로 받지 못한다. 반면 성령 안에 거하는 자는 육체의 정욕과 탐심을 십자가에 못 박고 성령의 열매(사랑, 희락, 화평, 오래 참음, 자비, 양선, 충성, 온유, 절제)를 맺으며 살아간다.

NOTE

갈라디아서 5장 24절을 적어보세요.

(3) 바울의 권면(6장)

바울은 성령 안에 사는 삶의 모습을 구체적으로 제시한다. 죄를 범한 자를 바로잡아 주고, 서로의 짐을 나누며, 각자 자기의 일을 살피고, 자신을 속이지 않으며, 선을 행하되 낙심하지 말아야 한다고 가르친다. 또한 할례를 주장하는 거짓 교사들을 경계하며, 오직 그리스도의 십자가 외에는 결코 자랑할 것이 없음을 강조한다.

갈라디아서 6장 14절을 적어보세요.

6. 절대 긍정, 절대 감사 Point

1) 믿음으로 사는 삶

우리는 자신의 노력이나 의로움이 아니라 하나님의 은혜와 예수 그리스도의 희생을 통해 의롭다 함을 받았다. 그러므로 인간의 지혜나 노력을 자랑하지 말고 오직 예수님의 십자가를 자랑하며 믿음으로 살아가야 한다.

NOTE

우리를 구원해주신 예수님께 감사의 고백을 적어보세요.

2) 성령의 인도하심을 따르는 삶

성령을 따라 살아갈 때 육체의 욕망을 이길 수 있다. 우리는 성령충만을 받아 육체의 정욕과 탐심을 십자가에 못 박으며, 성령의 인도하심을 따라 살아가야 한다. 그럴 때 우리의 삶에는 성령의 열매가 맺히게 된다.

성령의 열매를 맺기 위해 오늘 내가 실천해야 할 일 한 가지를 적어보세요.

7. 과제

1) 갈라디아서를 공부하면서 가장 은혜받았던 성경 구절을 적어봅시다.

2) 갈라디아서 강의를 통해 깨달은 점을 구체적으로 적어봅시다.

NOTE

NOTE

8. 장별 핵심 내용

1-2장 바울의 사도직과 복음의 진위

1장 다른 복음에 대한 경고와 바울의 사도직 변증

2장 바울이 전한 복음

3-4장 믿음과 율법

3장 믿음으로 말미암는 의

4장 율법으로부터의 자유

5-6장 성령과 믿음의 삶

5장 자유와 성령의 삶

6장 바울의 권면

NOTE

에베소서 *Ephesians*

"그리스도의 몸 된 교회를 세우는 지침서"

NOTE

1. 들어가며

에베소서는 바울이 주후 60–62년경 로마 감옥에서 기록한 옥중서신(에베소서, 빌립보서, 골로새서, 빌레몬서) 중 하나이다. 바울은 3차 선교 여행 중 3년 동안 에베소에 머물며 교회를 섬겼다. 당시 에베소교회는 유대인과 이방인 간의 연합과 일치의 문제에 직면해 있었으며, 바울은 이를 해결하고 성도들을 격려하기 위해 이 서신을 기록했다.

2. 한눈에 보기

에베소서는 교리적 가르침과 실천적 권면으로 나뉜다. 전반부(1-3장)에서는 예수 그리스도를 통해 이루신 구원의 계획과 교회가 하나 되는 모습을 설명한다. 후반부(4-6장)에서는 성도들이 어떻게 살아야 하는지, 그리고 믿음을 지키기 위해 어떤 태도를 가져야 하는지를 알려준다. 바울은 성도들이 교회 안에서 하나 되고, 믿음 안에서 자라가며, 하나님의 전신 갑주로 무장해 영적인 싸움에서 승리할 것을 권면한다.

NOTE

3. 중심 메시지

1) 하나님의 구원 계획: 하나님은 창세 전부터 하나님의 뜻에 따라 우리를 하나님의 백성으로 선택하셨다. 하나님의 구원 계획은 예수 그리스도의 죽음과 부활과 승천하심으로 성취되었다.

2) 하나 된 교회: 바울은 그리스도를 머리로 삼아 하나 된 교회에 대해 강조한다. 그리스도의 몸인 교회는 그리스도를 중심으로 유대인과 이방인을 구별하지 않고 모든 믿는 사람들이 하나 됨으로 이루어진다.

3) 성장하는 믿음: 바울은 성도들이 그리스도의 장성한 분량이 충만한 데까지 이르도록 성장할 것을 권면한다. 이는 옛 사람을 버리고 새 사람이 되어 하나님을 본받는 거룩한 삶을 살아가라는 의미이다.

4. 구조

구분	범위	주요 내용
교회의 소명	1-3장	서론, 은혜에 의한 구원, 교회론
그리스도인의 생활	4-6장	교회의 일치, 그리스도인의 생활, 그리스도인의 가정과 사회생활, 그리스도인의 영적 전쟁

5. 내용 분석

1) 에베소서 1-3장 | 교회의 소명

(1) 서론(1장)

바울은 에베소교회 성도들에게 인사한 후, 곧바로 하나님께서 그리스도 안에서 베푸신 신령한 복을 찬송한다. 이 복은 세상이 창조되기 전에 택하심을 받은 자들에게 주어진 구원의 은혜로, 삼위 하나님의 일하심을 통해 우리가 하나님의 자녀가 되고 기업을 얻게 된 놀라운 사건이다.

NOTE

에베소서 1장 3절을 적어보세요.

(2) **은혜에 의한 구원**(2:1-10)

바울은 구원을 단계적으로 설명한다. 구원받기 전 우리는 허물과 죄로 죽었기 때문에 진노의 자녀로 살았다. 하지만 예수 그리스도로 인하여 구원받아 새로운 신분을 얻었다. 이는 전적인 하나님의 사랑과 은혜로 나타난 하나님의 선물이다.

에베소서 2장 8절을 적어보세요.

(3) **교회론**(2:11-3:21)

교회는 그리스도의 몸이다. 구원받은 성도는 유대인이나 이방인이나 차별 없이 그리스도 안에서 한 몸을 이룬다. 십자가의 은혜는 유대인과 이방인 사이의 장벽을 허물고 율법을 폐하여 우리를 하나님과 화목하게 한다. 이제 믿는 자들은 성령 안에서 함께 세워져 가며 하나님이 거하실 처소가 되어 간다.

에베소서 3장 6절을 적어보세요.

2) 에베소서 4-6장 | 그리스도인의 생활

NOTE

(1) 교회의 일치(4:1–16)

바울은 성령 안에서 하나 됨을 강조한다. 모든 성도는 겸손과 온유, 오래 참음과 사랑 안에서 하나 됨을 이루어야 한다. 하나님이 교회에 은사를 주신 것은 서로를 섬김으로써 그리스도의 몸 된 교회를 세우기 위함이다. 그리하여 우리는 그리스도를 닮은 온전한 사람으로 성장하여 성숙한 그리스도인이 된다.

에베소서 4장 13절을 적어보세요.

(2) 그리스도인의 생활(4:17–5:21)

그리스도인은 옛 사람을 벗고 마음을 새롭게 하여 새사람으로 살아가야 한다. 새사람은 빛의 자녀로서 죄악을 떠나 하나님을 따라 살아가는 사람이다. 바울은 성도들에게 어떻게 행할지 주의 깊게 살피라고 권면하며, 술 취하지 말고 오직 성령으로 충만함을 받으라고 명령한다.

에베소서 4장 22-24절을 적어보세요.

(3) 그리스도인의 가정과 사회생활(5:22–6:9)

아내는 남편에게 복종하고, 남편은 아내를 그리스도께서 교회를 사랑하신 것처럼 사랑해야 한다. 자녀는 부모에게 순종하고, 부모는 자녀

NOTE

를 주의 교훈으로 양육해야 한다. 종은 주인을 성실히 섬기고, 주인은 종을 공정하게 대해야 한다. 이 모든 관계의 중심에는 예수님께 대한 순종과 사랑이 있다.

에베소서 5장 33절을 적어보세요.

(4) 그리스도인의 영적 전쟁(6:10-24)

그리스도인은 눈에 보이지 않는 마귀의 간계를 대적하기 위해 날마다 영적 전쟁을 해야 한다. 바울은 우리가 사탄의 공격에 대항하기 위해 하나님의 전신 갑주를 입으라고 권면한다.

에베소서 6장 13절을 적어보세요.

6. 절대 긍정, 절대 감사 Point

1) 선택받은 하나님의 자녀

에베소서는 우리가 하나님의 구원 계획에 따라 창세 전부터 선택받은 하나님의 백성임을 알려준다. 하나님은 우리를 그리스도의 사랑 안에서 거룩하고 흠 없이 세우시기 위해 은혜를 베푸셨다. 하나님의 자녀 된 우리는 이 진리의 말씀을 기억하며 어떤 상황에서도 절대 긍정의 믿음으로 살아가야 한다.

NOTE

고난 중에도 하나님의 자녀로서 내가 드려야 할 믿음의 고백을 적어보세요.

2) 사랑으로 하나 되는 교회

성도는 예수님의 몸 된 교회이다. 우리는 어떠한 경우에도 분열을 일으키는 마귀의 계략에 넘어가지 말고 하나가 되면 하나님의 전신 갑주로 무장해 영적인 싸움에서 승리해야 한다. 또한 모든 일을 예정하시고 합력하여 선으로 이루시는 하나님을 믿으며 감사하는 태도를 가져야 한다.

교회 안에서 하나 됨을 이루기 위해 내가 주의해야 할 말이나 행동을 한 가지 적어보세요.

7. 과제

1) 에베소서를 공부하면서 가장 은혜받았던 성경 구절을 적어봅시다.

NOTE

2) 에베소서 강의를 통해 깨달은 점을 구체적으로 적어봅시다.

8. 장별 핵심 내용

NOTE

1-3장 교회의 소명

1장 하나님의 구원 계획과 하늘에 속한 복

2장 허물과 죄로 죽은 자들을 살리신 은혜와 유대인·이방인의 하나 됨

3장 이방인을 위한 사도직과 교회를 위한 바울의 기도

4-6장 그리스도인의 생활

4장 교회의 하나 됨과 그리스도인의 성숙한 삶

5장 빛의 자녀로서의 삶과 그리스도인의 가정생활

6장 그리스도인의 사회생활과 영적 전쟁

빌립보서 *Philippians*

"복음 안에서 기뻐하며 그리스도의 마음으로 사는 삶"

NOTE

1. 들어가며

빌립보서는 사도 바울이 로마 감옥에서 기록한 옥중서신 중 하나로, 바울과 빌립보교회 성도 사이의 깊은 사랑과 교제를 담고 있다. 빌립보교회는 바울이 2차 선교 여행 중 유럽에서 처음 세운 교회로, 자주색 옷감을 팔던 루디아의 집에서 시작되었다. 바울은 자신이 감옥에 있는 상황에서도 변함없이 후원하고 기도로 함께하는 빌립보교회 성도들에게 진심으로 감사의 마음을 전한다.

2. 한눈에 보기

빌립보서는 바울의 감사 인사와 성도들을 향한 권면으로 구성되어 있다. 바울은 자신이 감옥에 갇힌 일이 오히려 복음을 전하는 데 도움이 되었다고 하며 기뻐한다(1장). 그리고 성도들에게 예수님의 겸손한 마음을 본받아 서로 협력하고, 할례를 강조하는 잘못된 가르침을 경계하며, 어떤 상황에서도 감사하고 만족하는 삶을 살라고 권면한다(2-4장).

3. 중심 메시지

NOTE

1) 복음 안에서 기뻐하는 삶: 빌립보서에는 '기쁨'이라는 단어가 16번이나 나올 만큼 기쁨과 감사의 메시지가 많이 담겨있다. 바울은 감옥에 있으면서도 복음이 전파되는 것을 보고 기뻐하며, 성도들에게도 항상 기뻐하고 감사할 것을 권면한다. 이러한 기쁨은 외부 환경 때문이 아니라 예수 그리스도 안에 있는 믿음과 확신에서 비롯된다.

2) 그리스도의 마음을 품는 겸손의 삶: 예수님은 본래 하나님과 동등하신 분이심에도 스스로 낮추시고 종의 모습으로 오셔서 죽기까지 순종하셨다. 바울은 성도들도 예수님의 겸손을 본받아 서로 다투지 말고 남을 높이며 하나 되어 살아가야 한다고 권면한다.

3) 믿음으로 사는 공동체의 연합: 빌립보교회 성도들은 하나님의 백성으로 복음에 합당한 삶을 살아야 하며 이를 위해 마음을 같이하여 한 성령 안에서 같은 사랑을 가지고 하나가 되어야 한다. 믿음으로 사는 공동체의 연합은 사랑의 본을 보이신 그리스도 예수의 마음을 본받아 이웃을 사랑으로 섬길 때 가능하다.

4. 구조

구분	범위	주요 내용
바울의 상황과 개인적 권고	1장	바울의 투옥과 감사, 복음의 진전과 바울의 기쁨
성도의 삶: 실제적인 교훈	2-4장	그리스도의 겸손과 성도의 연합, 율법주의 경계, 감사와 자족의 비결

NOTE

5. 내용 분석

1) 빌립보서 1장 | 바울의 상황과 개인적 권고

(1) 바울의 투옥과 감사(1:1-11)

바울은 로마 감옥에서 빌립보교회 성도들에게 안부를 전하며 그들의 지속적인 후원과 협력에 감사를 표현한다. 또한 성도들을 위해 끊임없이 기도하며, 하나님이 그들 안에서 시작하신 선한 일을 끝까지 이루실 것을 확신한다.

빌립보서 1장 6절을 적어보세요.

(2) 복음의 진전과 바울의 기쁨(1:12-30)

바울은 자신이 감옥에 갇힌 일이 오히려 복음 전파에 큰 도움이 되었음을 고백하며 기뻐한다. 심지어 어떤 이들이 바울을 괴롭게 할 의도로 복음을 전한다고 할지라도, 결국 그리스도의 이름이 전파되는 일이라면 그것마저도 기뻐할 일이라고 말한다.

빌립보서 1장 21절을 적어보세요.

2) 빌립보서 2-4장 | 성도의 삶: 실제적인 교훈

NOTE

(1) 그리스도의 겸손과 성도의 연합(2장)

예수님은 하나님과 동등하신 분이시지만, 자신을 낮추어 종의 형체를 입고 죽기까지 복종하셨다. 바울은 성도들에게 이와 같이 예수님의 겸손을 본받아 서로 존중하고 하나 되어, 교회 안의 분열과 다툼을 극복할 것을 권면한다.

빌립보서 2장 5-6절을 적어보세요.

(2) 율법주의 경계(3장)

바울은 육체의 할례나 율법의 행위가 아닌 오직 예수 그리스도를 믿는 믿음으로 의롭게 됨을 강조하며 율법주의를 강하게 경계한다. 그는 예수 그리스도를 아는 지식을 가장 고귀한 것으로 여겨, 자신이 자랑하던 모든 것을 해롭고 무가치한 것으로 여긴다고 고백한다. 바울은 성도들에게도 그리스도를 닮아가는 삶을 살아가도록 권면한다.

빌립보서 3장 8절을 적어보세요.

(3) 감사와 자족의 비결(4장)

바울은 성도들에게 항상 주 안에서 기뻐하라고 권면하며, 모든 염려를 하나님께 기도와 간구로 아뢰라고 가르친다. 그는 어떠한 형편에 있

NOTE

든지 자족하는 비결을 배웠다고 고백하며, 자신에게 능력 주시는 그리스도 안에서 모든 것을 할 수 있음을 확신한다.

빌립보서 4장 6-7절을 적어보세요.

6. 절대 긍정, 절대 감사 Point

1) 고난 속에서 누리는 기쁨

바울은 감옥이라는 어려운 환경에서도 복음이 전파되는 것을 기뻐하며 긍정적인 믿음을 가졌다. 우리 역시 모든 상황이 하나님의 선하신 뜻 안에서 이루어진다는 절대 긍정의 믿음을 가지고 고난 가운데서도 기쁨과 감사를 잃지 말아야 한다.

고난 중에도 기뻐하기 위해서 내가 해야 하는 일이 무엇인지 적어보세요.

2) 예수 그리스도의 마음을 품는 삶

성도들이 예수 그리스도의 겸손을 본받아 서로를 존중하고 협력할 때 교회는 더욱 굳건히 세워지고 진정으로 하나 될 수 있다. 우리는 그리스도의 마음으로 서로를 귀하게 여기며 감사하는 마음으로 살아가야 한다.

NOTE

예수님을 본받아 실천할 수 있는 말이나 행동을 한 가지 적어보세요.

7. 과제

1) 빌립보서를 공부하면서 가장 은혜받았던 성경 구절을 적어봅시다.

2) 빌립보서 강의를 통해 깨달은 점을 구체적으로 적어봅시다.

NOTE

8. 장별 핵심 내용

1장 바울의 감사와 간구
2장 그리스도의 겸손과 성도의 연합
3장 율법주의 경계
4장 감사와 자족의 비결

NOTE

골로새서 *Colossians*

"거짓 가르침에 대한 변증과 복음"

NOTE

1. 들어가며

골로새서는 사도 바울이 로마 감옥에서 기록한 옥중서신으로, 골로새교회를 세운 에바브라가 전한 소식을 바탕으로 기록되었다. 당시 골로새교회는 율법을 지나치게 따르거나, 금욕을 강조하거나, 천사를 숭배하는 등 잘못된 가르침 때문에 혼란을 겪고 있었다. 바울은 오직 그리스도 안에만 구원과 진리, 충만한 생명이 있음을 강조하며 성도들이 믿음 위에 굳게 서기를 권면한다.

2. 한눈에 보기

골로새서는 세 부분으로 구성되어 있다. 먼저 바울은 인사와 함께 골로새교회의 믿음과 사랑에 대해 감사하며 기도한다(1:1-14). 이어서 그리스도의 위엄과 구원의 충만함을 강조하고(1:15-2:7), 거짓 교사들에 대해 경고하며 오직 그리스도 안에 거할 것을 권면한다(2:8-3:4). 마지막으로 바울은 그리스도인의 삶의 방식을 제시하고, 동역자들을 소개하며 인사로 서신을 마무리한다(3:5-4:18).

3. 중심 메시지

NOTE

1) 그리스도, 신앙의 뿌리: 바울은 성도들이 여러 철학이나 종교적 관습에 흔들리지 말고, 오직 그리스도 안에 신앙의 뿌리를 내릴 것을 강조한다. 모든 지혜와 지식은 그리스도 안에 감추어져 있으며, 말씀에 깊이 뿌리내릴 때 참된 분별력을 가질 수 있다.

2) 위의 것을 추구하는 삶: 그리스도인은 땅의 것이 아니라 위에 있는 그리스도를 바라보며 살아가야 한다. 바울은 성도들에게 옛 사람을 벗고 긍휼, 겸손, 사랑, 감사로 새사람을 입으며, 그리스도의 평강과 말씀이 삶을 다스리게 하라고 권면한다.

3) 복음에 합당한 삶: 골로새서는 믿음이 마음속에만 머무르지 않고, 가정과 사회에서도 드러나야 한다고 가르친다. 부부, 부모와 자녀, 직장에서의 관계까지도 예수님을 기준으로 살아갈 때, 우리의 삶에서 믿음의 열매가 맺힌다.

4. 구조

구분	범위	주요 내용
바른 신앙의 기초	1:1-2:7	서론과 감사, 그리스도의 탁월하심, 바울의 사명
거짓 교훈에 대한 경계	2:8-3:4	철학과 전통에 대한 경계, 율법주의와 금욕주의의 무익함, 위의 것을 추구하는 삶
새사람의 삶	3:5-4:18	그리스도인의 내면 생활, 그리스도인의 외면 생활, 결론

NOTE

5. 내용 분석

1) 골로새서 1:1-2:7 | 바른 신앙의 기초

(1) 서론과 감사(1:1–8)

바울은 골로새교회 성도들의 믿음과 사랑에 대해 감사하며, 그들이 복음 안에서 자라고 있음을 칭찬한다. 이 복음은 모든 사람을 자라게 하고 열매 맺게 하는 진리의 말씀이다.

골로새서 1장 6절을 적어보세요.

(2) 그리스도의 탁월하심(1:9–23)

바울은 성도들이 하나님의 뜻을 온전히 깨달아 주께 합당하게 행하기를 기도한다. 또한 그리스도를 창조주, 구속자, 교회의 머리로 묘사하며, 만물 가운데 계신 그리스도의 신성과 충만함을 선포한다.

골로새서 1장 15절을 적어보세요.

(3) 바울의 사명(1:24–2:7)

바울은 교회를 위해 고난받는 것을 기쁨으로 여기며, 성도들이 그리스도 안에 뿌리를 내리고 믿음 위에 굳게 서기를 바란다. 또한 성도들이 지혜와 총명으로 충만한 신앙에 이르기를 소망한다.

NOTE

골로새서 2장 6-7절을 적어보세요.

2) 골로새서 2:8-3:4 | 거짓 교훈에 대한 경계

(1) 철학과 전통에 대한 경계(2:8–15)

바울은 세상의 초등학문과 사람의 전통을 따르지 말고 그리스도 안에 거하라고 경고한다. 그리스도 안에는 하나님의 모든 신성이 몸이 되어서 충만히 거하며, 우리는 그 안에서 온전하게 된다.

골로새서 2장 9-10절을 적어보세요.

(2) 율법주의와 금욕주의의 무익함(2:16–23)

바울은 음식과 절기, 안식일 등에 얽매이는 것을 경계하며, 이런 것은 장차 올 것의 그림자일 뿐 실체는 그리스도라고 말한다. 또한 금욕주의적 경건은 육체의 정욕을 따르는 것을 억제하는 데 아무 유익이 없음을 지적한다.

골로새서 2장 17절을 적어보세요.

NOTE

(3) 위의 것을 추구하는 삶(3:1-4)

바울은 그리스도와 함께 다시 살아난 성도들이 땅의 것이 아니라 위의 것을 생각하고 그리스도 안에 감추어진 생명을 붙잡고 살아가야 함을 강조한다.

골로새서 3장 2절을 적어보세요.

3) 골로새서 3:5-4:18 | 새사람의 삶

(1) 그리스도인의 내면 생활(3:5-17)

성도는 땅에 속한 옛 사람의 행위를 벗고, 긍휼과 온유, 겸손과 사랑으로 새사람을 입어야 한다. 감사의 마음으로 말씀에 거하고, 말과 행실에서 주 예수의 이름으로 하나님께 영광을 돌려야 한다.

골로새서 3장 14절을 적어보세요.

(2) 그리스도인의 외면 생활(3:18-4:1)

바울은 아내와 남편, 자녀와 부모, 종과 상전 등 가정과 사회 관계 안에서의 윤리를 가르친다. 각각의 역할 속에서 주를 경외함으로 진실하게 행할 것을 권면한다.

NOTE

골로새서 3장 23절을 적어보세요.

(3) 결론(4:2–18)

성도는 깨어 기도하고 전도의 문이 열리기를 구해야 하며, 외인에게는 지혜롭게 행하고 말을 은혜롭게 하여야 한다. 바울은 동역자들의 인사와 함께 골로새교회에 마지막 권면을 남기며 서신을 마무리한다.

골로새서 4장 2-3절을 적어보세요.

6. 절대 긍정, 절대 감사 Point

1) 흔들림 없는 긍정의 믿음

골로새서는 그리스도 안에서 지혜를 얻고 분별력 있게 살아가야 함을 강조한다. 세상의 철학과 율법주의, 금욕주의가 혼재한 시대 속에서 말씀을 따라 살아가기 위해서는 말씀을 기준으로 삼고 어떤 상황에서도 흔들리지 않는 절대 긍정의 믿음을 가져야 한다.

흔들리지 않는 믿음을 갖기 위해 실천해야 할 것이 무엇인지 적어보세요.

NOTE

2) 새사람으로 드러나는 감사의 태도

바울은 성도들에게 옛 사람을 벗어버리고 새사람을 입으라고 권면한다. 새사람으로 살아갈 때 우리는 감사하는 마음으로 신앙생활을 하며, 삶 속에서 예수님의 모습을 드러낸다.

새사람으로 살아가기 위해서 내가 실천해야 하는 한 가지를 적어보세요.

7. 과제

1) 골로새서를 공부하면서 가장 은혜받았던 성경 구절을 적어봅시다.

2) 골로새서 강의를 통해 깨달은 점을 구체적으로 적어봅시다.

8. 장별 핵심 내용

NOTE

1장 복음에 대한 감사와 그리스도의 탁월하심
2장 철학과 율법주의에 대한 경계
3장 새사람의 삶과 그리스도인의 덕목
4장 기도, 전도, 공동체에 대한 권면

데살로니가전서

1Thessalonians

"믿음과 사랑 안에 굳게 서서 그리스도의 재림을 준비하라!"

NOTE

1. 들어가며

데살로니가전서는 사도 바울이 주후 50년경 고린도에서 작성한 최초의 서신으로 추정된다. 바울은 박해 속에서도 굳건한 믿음을 지켜온 데살로니가교회 성도들을 격려하고 칭찬하며, 그리스도의 재림에 관한 바른 가르침으로 그들을 양육하고자 이 편지를 썼다. 이 서신은 교리적 내용보다는 바울의 따뜻한 권면과 실천적 가르침이 특징이다.

2. 한눈에 보기

데살로니가전서는 감사와 회고, 권면과 가르침 두 부분으로 구성되어 있다. 전반부(1-3장)는 데살로니가교회 성도들의 모범적인 믿음에 대한 감사, 바울의 사역 회고, 믿음의 성장과 격려를 다룬다. 후반부(4-5장)는 죽은 자의 부활과 재림에 대한 교훈, 재림의 때에 대한 경고, 신앙생활의 지침을 담고 있다.

3. 중심 메시지

1) 믿음, 소망, 사랑의 공동체: 바울은 극심한 박해 속에서도 복음을

NOTE

기쁨으로 받아들이고, 믿음과 소망과 사랑으로 신앙의 본을 보인 데살로니가교회 성도들에게 감사를 표한다. 바울은 그들을 진심으로 칭찬하며, 앞으로도 믿음 안에 굳건히 서고 서로를 향한 사랑이 더욱 풍성해지기를 권면한다.

2) 그리스도의 재림: 바울은 데살로니가교회 성도들에게 그리스도의 재림에 대한 확신을 심어주고, 재림을 기다리며 깨어 있을 것을 강조한다. 또한 성도들이 재림의 날에 하나님 앞에 설 수 있도록 거룩한 삶을 살아가야 한다고 권면한다.

4. 구조

구분	범위	주요 내용
감사와 회고	1-3장	데살로니가교회 성도들을 향한 감사와 칭찬, 바울의 데살로니가 사역 회고, 디모데의 파송
교훈과 권면	4-5장	성도의 거룩한 삶, 그리스도의 재림과 경고, 신앙생활의 권고

5. 내용 분석

1) 데살로니가전서 1-3장 | 감사와 회고

(1) 데살로니가교회 성도들을 향한 감사와 칭찬(1장)

바울은 데살로니가교회 성도들의 '믿음의 역사', '사랑의 수고', '주 예수 그리스도에 대한 소망의 인내'를 기억하며 감사한다. 그들은 환난 중에도 성령이 주시는 기쁨으로 말씀을 받아들여 바울과 그리스도를 본받는 자들이 되었다. 그들의 굳건한 믿음은 다른 성도들에게 모범이 되어 그 소문이 각지로 퍼져나간다.

NOTE

데살로니가전서 1장 3절을 적어보세요.

(2) 바울의 데살로니가 사역 회고(2장)

바울은 고난과 능욕을 당했음에도 데살로니가에서 복음을 전하는 일을 멈추지 않았다. 이는 복음을 전하게 하신 하나님을 기쁘게 하기 위함이다. 데살로니가교회 성도들은 바울이 전한 복음을 하나님의 말씀으로 받아들이고, 그 말씀에 힘입어 동족으로부터 받는 비방과 박해를 견뎌낸다.

데살로니가전서 2장 13절을 적어보세요.

(3) 디모데의 파송(3장)

바울은 데살로니가를 재방문하고자 했으나 뜻을 이루지 못해 디모데를 대신 보냈다. 디모데를 통해 성도들이 환난 중에도 믿음을 굳게 지키고 있다는 소식을 들은 바울은 크게 기뻐했다. 그는 데살로니가를 방문할 수 있기를, 그리고 성도 간의 사랑이 더욱 넘치기를 기도한다.

데살로니가전서 3장 13절을 적어보세요.

2) 데살로니가전서 4-5장 | 교훈과 권면

NOTE

(1) 성도의 거룩한 삶(4:1-12)

우리를 향한 하나님의 뜻은 거룩한 삶이다. 이를 위해 바울은 데살로니가교회 성도들에게 음란을 멀리하고, 아내를 거룩하고 존귀하게 대하며, 형제를 해롭게 하거나 속이지 말 것을 권면한다. 또한 형제들을 더욱 사랑하고 성실하게 자기 일을 할 것을 당부한다.

데살로니가전서 4장 7-8절을 적어보세요.

(2) 그리스도의 재림과 경고(4:13-5:11)

성도들은 예수님이 재림하시기 전에 이미 죽은 성도들이 어떻게 될지를 염려한다. 이에 바울은 그리스도 안에서 죽은 자들이 재림 때 부활하여 살아있는 성도들과 함께 그리스도를 영접하게 될 것이라고 대답한다. 또한 재림의 시기는 아무도 알 수 없으므로 늘 깨어 있으면서 믿음, 사랑, 소망 안에 살아갈 것을 권면한다.

데살로니가전서 5장 8절을 적어보세요.

NOTE

(3) 신앙생활의 권고(5:12-28)

① 교회 생활(5:12-15)

바울은 주님의 말씀을 가르치며 수고하는 지도자들을 존경하고 각별한 사랑으로 대하며, 서로 화목하게 지낼 것을 부탁한다. 더불어 게으른 자들을 격려하고 약한 자를 도우며 모든 사람을 인내로 대함으로써 교회를 온전히 세워나갈 것을 권면한다.

② 개인 생활(5:16-22)

성도들은 하나님의 뜻을 따라 항상 기뻐하고, 쉬지 말고 기도하며, 범사에 감사해야 한다. 또한 성령의 역사하심을 막지 말고 예언의 말씀을 소홀히 여기지 말아야 하며, 선한 것을 붙잡고 악을 멀리하는 삶을 살아야 한다.

③ 부탁과 축도(5:23-28)

바울은 평강의 하나님이 성도들을 온전히 거룩하게 하시고, 그리스도께서 다시 오실 그날까지 그들의 영혼과 육체를 흠 없이 지켜주시기를 기도한다. 그는 성도들에게 중보기도를 요청하며, 모든 형제에게 문안을 전하고 그리스도의 은혜가 함께하기를 기원한다.

데살로니가전서 5장 16-18절을 적어보세요.

6. 절대 긍정, 절대 감사 Point

NOTE

1) 믿음의 본이 되는 삶

데살로니가교회 성도들은 고난 속에서도 믿음을 지키고 서로 사랑하며 소망으로 인내하여 모든 믿는 자들의 본이 되었다. 우리 또한 모든 상황에서 절대 긍정의 믿음으로 살아감으로써 하나님의 영광을 나타내는 삶을 살아야 한다.

내가 생각하는 믿음의 본은 무엇이며, 그러한 삶을 위해 무엇을 실천해야 할지 적어보세요.

2) 그리스도의 재림을 소망하고 준비하는 삶

그리스도의 재림은 성도들에게 절대 긍정과 절대 감사를 잃지 않게 하는 소망의 근거가 된다. 우리는 항상 깨어 재림을 준비하며 살아야 한다. 이는 단순히 기다리는 것이 아니라, 하나님의 빛의 자녀로서 거룩한 삶을 살며 자신을 정결하게 하여 주님을 맞이할 준비를 하는 삶이다.

그리스도의 재림을 소망하며 준비하기 위해 무엇을 해야 할지 적어보세요.

NOTE

7. 과제

1) 데살로니가전서를 공부하면서 가장 은혜받았던 성경 구절을 적어봅시다.

2) 데살로니가전서 강의를 통해 깨달은 점을 구체적으로 적어봅시다.

8. 장별 핵심 내용

NOTE

1-3장 칭찬과 격려

1장 데살로니가교회 성도들을 향한 감사와 칭찬

2장 바울의 데살로니가 사역 회고

3장 디모데의 파송

4-5장 교훈과 권면

4:1-12 성도의 거룩한 삶

4:13-5:11 그리스도의 재림과 이에 대한 경고

5:12-28 신앙생활의 권고

데살로니가후서

2Thessalonians

"재림의 날을 올바르게 준비하는 믿음"

NOTE

1. 들어가며

데살로니가후서는 주후 50-51년경 사도 바울이 데살로니가교회 성도들에게 보낸 서신이다. 바울은 이 서신을 통해 박해를 겪는 성도들을 위로하고, 주의 재림이 이미 시작되었다는 거짓 가르침을 바로 잡고자 한다. 또한 환난 중에도 믿음을 굳게 지키고 재림을 소망하며 성실하게 살아갈 것을 권면한다.

2. 한눈에 보기

데살로니가후서는 세 장으로 구성되어 있다. 1장에서는 바울이 환난 중에 있는 성도들에게 위로와 소망을 전한다. 2장에서는 주의 날이 이미 왔다는 거짓 가르침을 경계하고 재림 전에 일어날 배교와 '불법의 사람'(적그리스도)의 출현을 설명한다. 3장에서는 재림을 핑계로 일하지 않고 무질서하게 행하는 이들을 교훈하며, 선을 행하다 낙심하지 말 것을 권면한다.

NOTE

3. 중심 메시지

1) 고난과 믿음의 인내: 바울은 박해받는 성도들을 위로한다. 그리스도의 재림 때 임할 하나님의 공의로운 심판을 선포하며, 믿음을 지킨 성도들에게는 영광스러운 안식이, 복음을 거부하고 성도들을 박해한 자들에게는 영원한 형벌이 있을 것을 확신시킨다. 이를 통해 성도들에게 고난을 이겨낼 힘과 소망을 전한다.

2) 재림에 대한 올바른 이해: 바울은 성도들이 재림을 올바르게 이해하고, 그날을 준비하며 살아가야 함을 강조한다. 성도들은 거짓 가르침에 미혹되지 않고 재림의 날이 올 때까지 깨어 믿음 위에 굳게 서서 거룩하고 의로운 삶을 살아야 한다.

4. 구조

구분	범위	주요 내용
믿음의 인내와 하나님의 심판	1장	바울의 감사 및 하나님의 공의로운 보응
재림에 대한 올바른 이해	2장	재림에 대한 오해와 재림 전에 일어날 일들, 바울의 권면
게으름에 대한 경고	3장	바울의 소원, 게으름에 대한 경고 및 마지막 인사

5. 내용 분석

1) 데살로니가후서 1장 | 믿음의 인내와 하나님의 심판

바울은 데살로니가교회 성도들의 믿음이 성장하고 사랑을 풍성히 실천하는 모습에 하나님께 감사한다. 이어 고난 중에도 믿음으로 인내하는 성도들을 격려하고 위로한다. 또한 하나님이 그들의 고난에 대해 보상하시고, 믿지 않는 자들에게 심판을 내리실 것을 확신한다.

NOTE

데살로니가후서 1장 4절을 적어보세요.

2) 데살로니가후서 2장 | 재림에 대한 올바른 이해

(1) 재림에 대한 오해와 재림 전에 일어날 일들(2:1-12)

성도들은 '주의 날이 이미 이르렀다'라는 주장으로 인해 혼란스러워 한다. 이에 바울은 그리스도의 재림이 아직 이루어지지 않았으니 두려워하거나 동요하지 말 것을 권면한다. 또한 그날이 오기 전에 배교가 일어나고 적그리스도가 나타나 사람들을 미혹할 것이라고 경고한다.

데살로니가후서 2장 3절을 적어보세요.

(2) 바울의 권면(2:13-17)

바울은 성도들의 믿음이 자라나고 사랑을 풍성히 실천하는 모습을 보며 하나님께 감사드린다. 그는 고난 속에서도 믿음으로 인내하는 성도들을 칭찬하고 위로한다. 아울러 하나님이 그들의 고난에 보상하시며, 믿지 않는 자들에게는 심판을 내리실 것을 확신시켜 준다.

데살로니가후서 2장 15절을 적어보세요.

3) 데살로니가후서 3장 | 게으름에 대한 경고

NOTE

(1) 바울의 소원(3:1-5)

바울은 성도들에게 주의 말씀이 다른 지역에서도 빠르게 전파되고, 복음을 전하는 자신과 동역자들이 악한 자들로부터 보호받을 수 있도록 함께 기도해 줄 것을 요청한다. 또한 성도들을 굳건하게 하시고 악한 자로부터 지키시는 하나님의 신실하심을 강조하며, 주님이 성도들의 마음을 인도하셔서 하나님의 사랑과 그리스도의 인내를 깨닫게 해 주시기를 간구한다.

데살로니가후서 3장 3절을 적어보세요.

(2) 게으름에 대한 경고 및 마지막 인사(3:6-18)

바울은 그리스도의 재림이 임박했다는 이유로 일을 하지 않고 게으르게 지내는 성도들을 경계한다. 그는 자신이 밤낮으로 수고하며 일한 모습을 본보기로 제시하며, 각자 맡은 일에 충실하며 주님의 재림을 기다리라고 권면한다. 또한 그의 가르침을 따르지 않는 자들과 교제를 삼가되, 형제로서 권면하라고 당부하고, 주님의 평강과 은혜를 기원하며 편지를 마친다.

데살로니가후서 3장 13절을 적어보세요.

NOTE

6. 절대 긍정, 절대 감사 Point

1) 고난 중에도 믿음으로 인내하는 삶

하나님은 언제나 우리와 함께하신다. 우리는 고난 중에도 하나님이 끝까지 보호하시고 상주실 것을 믿으며 인내해야 한다. 어떤 상황에서도 절대 긍정과 절대 감사의 자세로 믿음을 지킬 때, 하나님의 위로와 축복이 우리 삶에 임할 것이다. 그리고 주님이 다시 오시는 그날, 우리는 하나님과 함께 영광을 누리게 될 것이다.

하나님의 약속을 믿고 감사하는 삶을 살기 위해 무엇을 실천해야 할지 구체적으로 적어보세요.

2) 재림을 올바르게 이해하고 준비하는 삶

우리는 그리스도의 재림에 대한 잘못된 가르침에 흔들리지 말고, 성경에 근거한 올바른 이해를 가지고 재림을 준비해야 한다. 재림의 날이 이를 때까지 믿음을 굳게 지키며, 하나님의 자녀로서 성령의 인도하심을 따라 거룩한 삶을 살아가야 한다.

예수님의 재림을 준비하며 거룩한 삶을 살기 위해 내 삶에 어떤 변화가 필요한지 적어보세요.

7. 과제

NOTE

1) 데살로니가후서를 공부하면서 가장 은혜받았던 성경 구절을 적어봅시다.

2) 데살로니가후서 강의를 통해 깨달은 점을 구체적으로 적어봅시다.

NOTE

8. 장별 핵심 내용

1장 고난과 믿음의 인내
2장 재림에 대한 올바른 이해
3장 게으름에 대한 경고

NOTE

디모데전서 *1Timothy*

"그리스도 예수의 좋은 일꾼"

NOTE

1. 들어가며

디모데전서는 사도 바울이 제1차 로마 투옥 이후, 주후 62-64년경에 기록한 목회서신이다. 바울은 젊은 동역자인 디모데를 에베소에 남겨 잘못된 가르침과 혼란스러운 상황을 바로잡고, 믿음과 사랑으로 교회를 세우라고 권면한다. 특히 율법 문제와 지도자들로 인한 갈등이 있었던 당시, 바울은 사역자가 가져야 할 바른 태도와 건강한 교회를 세우는 방법에 대해 당부한다.

2. 한눈에 보기

디모데전서는 교회의 운영과 복음 사역자의 태도에 대해 가르친다. 전반부(1-3장)에서는 거짓 교훈 경계, 기도와 예배 질서, 교회 직분자의 자격을, 후반부(4-6장)에서는 목회자의 삶의 태도, 공동체 내 관계, 신앙과 물질에 대한 교훈을 제시한다. 바울은 디모데에게 진리로 성도들을 잘 가르치고, 말과 행동으로 본이 되는 삶을 살라고 권면한다.

3. 중심 메시지

1) 거짓 가르침에 대한 경고: 바울은 디모데에게 율법 논쟁과 신화를 퍼뜨리는 거짓 교사들을 경계하도록 한다. 참된 교훈은 사랑과 순결한 믿음에서 나오는 것이며, 교회는 진리의 기둥과 터로서 바른 신앙 위에 세워져야 한다고 강조한다.

2) 교회의 질서와 직분자의 삶: 바울은 감독과 집사 등 교회 직분자의 자격을 구체적으로 제시하며, 성도들이 경건과 단정함으로 교회 안에서 질서를 이루어야 함을 가르친다. 교회는 하나님의 집으로서 세상에 복음을 드러내는 기반이 된다.

3) 복음에 합당한 삶과 사역: 바울은 디모데에게 말과 행동, 사랑과 믿음, 깨끗한 삶의 본을 보여주라고 권면한다. 모든 성도는 믿음을 지키며 경건한 삶을 훈련하고, 하나님이 맡기신 일을 책임 있게 감당해야 한다.

4. 구조

구분	범위	주요 내용
바울의 당부와 교회 지도	1장	인사, 거짓 교훈 경계, 바울의 간증과 권면
교회의 질서와 직분자의 기준	2-3장	기도와 예배에 대한 지침, 성도의 품행, 감독과 집사의 자격, 교회의 기둥으로서의 사명
목회자의 자세 1	4장	거짓 가르침에 대한 경계, 좋은 일꾼의 삶과 자세
목회자의 대인 관계	5:1-20	성도, 과부, 장로에 대한 교훈
목회자의 자세 2	5:21-6:21	목회자의 공정성과 성결, 종들의 태도와 경건에 관한 교훈, 마지막 권면과 축복

NOTE

NOTE

5. 내용 분석

1) 디모데전서 1장 | 바울의 당부와 교회 지도

(1) 인사(1:1–2)

바울은 디모데에게 문안 인사를 전하면서, 자신이 하나님의 명령을 따라 사도로 부름받았음을 밝히고, 디모데를 믿음 안에서 참 아들로 부르며 은혜와 긍휼과 평강을 기원한다.

디모데전서 1장 2절을 적어보세요.

(2) 거짓 교훈 경계(1:3–11)

바울은 디모데에게 에베소에 머물러, 율법 논쟁과 족보 이야기에 몰두하는 거짓 교사들을 경계하고 바른 교훈을 가르칠 것을 당부한다. 율법은 의인을 위한 것이 아니라 죄인을 책망하기 위한 것임을 강조하며, 복음의 진리로 교회를 세워야 함을 가르친다.

디모데전서 1장 5절을 적어보세요.

(3) 바울의 간증과 권면(1:12–20)

바울은 자신이 과거에는 핍박자였으나 하나님의 긍휼로 구원받아 사도로 부름받았음을 고백하며, 죄인 중에 괴수였던 자신에게 부어진 은혜를 찬양한다. 그는 디모데에게 선한 싸움을 싸우며 믿음과 선한 양심을 끝까지 지키라고 권면한다.

NOTE

디모데전서 1장 15절을 적어보세요.

2) 디모데전서 2-3장 | 교회의 질서와 직분자의 기준

(1) 기도와 예배에 대한 지침(2:1-8)

바울은 모든 사람을 위해 기도할 것을 권면하며, 남성과 여성 각각의 경건한 예배 태도를 가르친다. 그는 남자들에게 분노와 다툼 없이 거룩한 손을 들어 기도할 것을, 여성들에게는 단정하고 경건한 태도로 예배에 참여할 것을 요청한다.

디모데전서 2장 1-2절을 적어보세요.

(2) 성도의 품행(2:9-15)

바울은 성도들의 예배 태도뿐 아니라 일상생활에서도 경건과 절제를 강조한다. 특히 여성 성도들에게 신중함과 선한 행실로 하나님을 경외하는 삶을 살아야 함을 가르친다.

NOTE

디모데전서 2장 10절을 적어보세요.

(3) 감독과 집사의 자격(3:1-13)

교회의 직분자인 감독과 집사는 책망할 것이 없는 삶을 살아야 하며, 가정을 잘 다스리고, 절제하며, 신앙 안에서 검증된 자이어야 한다. 바울은 이들의 인격과 신앙적 성숙을 통해 교회가 건강하게 세워질 것임을 강조한다.

디모데전서 3장 2절을 적어보세요.

(4) 교회의 기둥으로서의 사명(3:14-16)

바울은 교회를 "진리의 기둥과 터"라고 부르며, 성도들이 경건한 삶과 진리의 수호자로 살아야 할 사명을 일깨운다. 교회의 존재 목적은 복음을 드러내고 진리를 굳건히 세우는 데 있다.

디모데전서 3장 15절을 적어보세요.

3) 디모데전서 4장 | 목회자의 자세 1

NOTE

(1) 거짓 가르침에 대한 경계(4:1–5)

바울은 마지막 때에 사람들이 미혹의 영과 거짓 교훈을 따를 것이라고 경고한다. 성도들은 하나님의 말씀과 기도로 거룩하게 된다는 진리를 붙들고, 미혹하는 가르침을 분별해야 한다.

디모데전서 4장 1절을 적어보세요.

(2) 좋은 일꾼의 삶과 자세(4:6–16)

디모데는 복음의 진리에 거하고 경건에 이르도록 힘써야 하며, 믿음과 생활, 사랑과 정결함에 본이 되어야 한다. 또한 성경 읽기, 권면, 가르침에 전념하며, 자신과 가르침을 살펴 끊임없이 성장해야 한다.

디모데전서 4장 12절을 적어보세요.

4) 디모데전서 5:1-20 | 목회자의 대인 관계

바울은 디모데에게 성도를 가족처럼 대할 것을 권면하며, 과부를 돌보는 기준과 절차를 설명한다. 또한 장로를 존중하고, 정당한 책망과 훈계가 공동체 내 질서를 세우는 데 중요함을 가르친다.

NOTE

디모데전서 5장 17절을 적어보세요.

5) 디모데전서 5:21-6:21 | 목회자의 자세 2

(1) 목회자의 공정성과 성결(5:21–25)

바울은 디모데에게 사람을 편견이나 외모로 판단하지 말고, 모든 일을 공정히 하며, 섣불리 안수하지 말고 자신도 깨끗함을 유지할 것을 당부한다. 목회자는 스스로를 지켜 성결한 삶의 본을 보여야 한다.

디모데전서 5장 22절을 적어보세요.

(2) 종들의 태도와 경건에 관한 교훈(6:1–10)

바울은 종들에게 주인을 존경하고 성실히 섬길 것을 가르친다. 그는 부요함을 좇는 삶의 위험을 경계하며, 경건과 자족이 참된 이익임을 강조한다. 또한 돈을 사랑함이 모든 악의 뿌리임을 경고한다.

디모데전서 6장 6절을 적어보세요.

(3) 마지막 권면과 축복(6:11-21)

바울은 디모데에게 믿음의 선한 싸움을 싸우고 영생을 붙잡을 것을 권면한다. 그는 마지막까지 명령을 지키며, 하나님과 예수 그리스도 앞에서 흠 없이 사명을 감당할 것을 당부하며 서신을 마무리한다.

NOTE

디모데전서 6장 12절을 적어보세요.

6. 절대 긍정, 절대 감사 Point

1) 진리 위에 굳게 서는 절대 긍정의 믿음

바울은 디모데에게 거짓 교훈과 세상의 유혹 가운데서도 흔들리지 말고, 복음의 진리 위에 굳게 서라고 권면한다. 우리 역시 혼란스러운 시대 속에서 하나님의 말씀을 붙들고 절대 긍정의 믿음으로 살아야 한다.

말씀 위에 굳게 서기 위해 내가 실천해야 할 일 한 가지를 적어보세요.

2) 맡겨진 사명에 감사하는 삶

디모데에게 맡겨진 목회는 책임이 큰일이었지만, 바울은 그것을 하나님의 은혜로 여기고 감사함으로 감당하라고 격려했다. 우리도 하나님이 맡기신 자리에서 감사하는 마음으로 충성스럽게 섬겨야 한다.

NOTE

지금 내가 감사함으로 감당해야 할 사명이나 역할을 한 가지 적어보세요.

7. 과제

1) 디모데전서를 공부하면서 가장 은혜받았던 성경 구절을 적어봅시다.

2) 디모데전서 강의를 통해 깨달은 점을 구체적으로 적어봅시다.

8. 장별 핵심 내용

NOTE

1-3장 교회의 질서와 직분자의 기준

1장 바울의 상황과 개인적 권고

2장 성도의 기도와 품행에 대한 교훈

3장 교회 직분자의 자격과 사명

4-6장 목회자의 삶과 공동체의 지도 원칙

4장 목회자의 삶과 자세

5장 공동체 내 관계의 원칙

6장 믿음의 선한 싸움을 위한 최종 권면

디모데후서 *2Timothy*

"믿음을 지키며 선한 싸움을 완주하라"

NOTE

1. 들어가며

디모데후서는 사도 바울이 제1차 로마 투옥 이후 다시 붙잡혀 순교를 앞두고 기록한 마지막 목회서신이다. 주후 66–67년경 작성된 이 서신은, 바울이 젊은 동역자 디모데에게 마지막으로 남기는 믿음과 사명의 당부이자 유언과도 같다. 극심한 박해 속에서 믿음을 끝까지 지키고 다음 세대에 복음을 잘 전하기 위한 바울의 간절한 권면이 담겨 있다.

2. 한눈에 보기

디모데후서는 바울의 개인적 고백과 디모데에게 주는 권면으로 이루어져 있다. 바울은 먼저 디모데에게 감사와 격려의 인사를 전하며 신실한 믿음을 칭찬하고(1장), 복음의 일꾼으로서 충성된 삶을 살아갈 것을 권면한다(2장). 이어 마지막 때의 혼란과 거짓 가르침에 대비하여 성경에 근거한 신앙생활을 강조하고(3장), 전도에 힘쓸 것을 당부하며 신앙의 고백과 마지막 인사로 서신을 마무리한다(4장).

3. 중심 메시지

1) 복음에 대한 충성과 인내: 바울은 디모데에게 복음을 전하다가 겪는 고난을 부끄러워하지 말고, 담대히 복음을 전하며 맡은 사명을 완수할 것을 당부한다. 고난 속에서도 끝까지 충성하는 것이 참된 복음의 일꾼이 가져야 할 태도임을 강조한다.

2) 말세의 징조: 바울은 마지막 때에 사람들이 하나님을 멀리하고 자기중심적으로 살아갈 것이라고 경고한다. 그는 디모데에게 성경 말씀을 굳게 붙들고, 진리 위에 바로 서서 겉모습이 아닌 삶 전체에서 경건을 드러내며 살아가라고 권면한다.

3) 신실한 사명의 완주: 바울은 자신이 선한 싸움을 싸우고, 믿음을 지키며, 하나님이 맡기신 길을 끝까지 달려왔다고 고백한다. 디모데에게도 마찬가지로 복음의 길을 포기하지 말고, 끝까지 신실하게 사명을 감당하라고 당부한다.

4. 구조

구분	범위	주요 내용
바울의 감사와 격려	1장	디모데에 대한 감사와 격려, 오네시보로의 신실함
충성된 사역자의 삶	2장	예수 그리스도의 좋은 병사, 인정 받는 일꾼
말세의 경고와 성경	3장	말세의 징조, 성경에 근거한 신앙생활
바울의 마지막 권고와 신앙고백	4장	전도 사역 당부, 마지막 인사와 축복

NOTE

5. 내용 분석

1) 디모데후서 1장 | 바울의 감사와 격려

(1) 디모데에 대한 감사와 격려(1:1-14)

바울은 자신이 하나님의 뜻에 따라 사도로 부름받았음을 밝히며 인사를 전하고, 디모데의 진실한 믿음을 기억하며 감사한다. 이어서 디모데에게 하나님께 받은 은사를 다시 뜨겁게 하며, 두려워하지 말고 복음을 위해 충성할 것을 힘주어 격려한다.

디모데후서 1장 7절을 적어보세요.

(2) 오네시보로의 신실함(1:15-18)

바울은 많은 이들이 자신을 떠났지만, 오네시보로는 로마 감옥까지 찾아와 힘이 되어주었음을 칭찬하며, 주께서 그의 집에 긍휼을 베풀어 주시기를 기도한다.

디모데후서 1장 16절을 적어보세요.

2) 디모데후서 2장 | 충성된 사역자의 삶

NOTE

(1) 예수 그리스도의 좋은 병사(2:1-13)

바울은 디모데에게 그리스도 예수 안에 있는 은혜로 강건해지고, 충성된 사람들에게 복음을 전수하라고 권면한다. 또한 병사, 운동선수, 농부의 비유를 통해 고난을 견디고, 주어진 사명을 충성되게 감당할 자세를 강조한다.

디모데후서 2장 3절을 적어보세요.

(2) 인정 받는 일꾼(2:14-26)

바울은 디모데에게 쓸데없는 말다툼을 피하고, 진리의 말씀을 옳게 분별하여 바르게 전할 것을 권면한다. 그는 주의 종은 다투지 말고 온유함으로 사람들을 교훈하여 회개에 이르게 해야 하며, 하나님의 쓰시기에 합당하도록 스스로를 깨끗한 그릇처럼 준비해야 한다고 가르친다.

디모데후서 2장 15절을 적어보세요.

NOTE

3) 디모데후서 3장 | 말세의 경고와 성경

(1) 말세의 징조(3:1-9)

바울은 말세에 사람들이 자기를 사랑하고 돈을 사랑하며, 부모를 거역하고 쾌락을 더 사랑하는 등 도덕적으로 타락할 것이라고 경고한다. 그는 이러한 사람들은 경건의 모양은 있으나 경건의 능력은 부인하므로 멀리하라고 권면한다.

디모데후서 3장 5절을 적어보세요.

(2) 성경에 근거한 신앙생활(3:10-17)

바울은 디모데에게 자신이 겪은 고난과 인내를 본받을 것을 요청하며, 어려운 시대일수록 성경 말씀을 붙들어야 함을 강조한다. 성경은 교훈과 책망과 바르게 함과 의로 교육하기에 유익하여, 하나님의 사람을 온전하게 한다고 가르친다.

디모데후서 3장 16-17절을 적어보세요.

4) 디모데후서 4장 | 바울의 마지막 권고와 신앙고백

NOTE

(1) 전도 사역 당부(4:1-8)

바울은 하나님과 그리스도 예수 앞에서 엄숙히 명령하며, 디모데에게 말씀을 전파하고, 때를 얻든지 못 얻든지 항상 힘쓰며 권면하고 책망하며 모든 오래 참음과 가르침으로 성도를 세우라고 당부한다. 바울은 자신이 선한 싸움을 싸우고, 달려갈 길을 마치고, 믿음을 지켰음을 고백하며, 주께서 의의 면류관을 예비하셨음을 확신한다.

디모데후서 4장 7-8절을 적어보세요.

(2) 마지막 인사와 축복(4:9-22)

바울은 디모데에게 겨울이 오기 전에 속히 오라고 간청하며, 동역자들의 소식을 전하고 여러 개인적인 부탁을 남긴다. 그는 자신이 홀로 남았지만 주께서 끝까지 지켜주셨음을 고백하고, 마지막으로 디모데에게 하나님의 은혜를 기원하며 서신을 맺는다.

디모데후서 4장 18절을 적어보세요.

NOTE

6. 절대 긍정, 절대 감사 Point

1) 고난 앞에서도 흔들리지 않는 긍정의 믿음

바울은 죽음을 앞둔 상황에서도 복음을 부끄러워하지 않고, 고난 가운데서도 하나님을 신뢰하며 믿음을 지켰다. 우리도 어떤 상황에서도 절대 긍정의 믿음으로 복음을 전하는 사명을 향해 흔들림 없이 전진해야 한다.

고난 중에도 절대 긍정의 믿음을 지키기 위해 실천할 수 있는 일을 적어보세요.

2) 은혜를 기억하며 감사로 완주하는 삶

바울은 자신의 모든 사역이 하나님의 은혜였음을 고백하며 감사했다. 우리도 하나님께 받은 은혜를 기억하며, 끝까지 감사의 마음으로 믿음의 경주를 완주해야 한다.

하나님의 은혜에 감사하는 신앙의 고백을 적어보세요.

7. 과제

NOTE

1) 디모데후서를 공부하면서 가장 은혜받았던 성경 구절을 적어봅시다.

2) 디모데후서 강의를 통해 깨달은 점을 구체적으로 적어봅시다.

NOTE

8. 장별 핵심 내용

1장 바울의 감사와 격려
2장 충성된 사역자의 삶
3장 말세의 경고와 성경
4장 바울의 마지막 권고와 신앙고백

NOTE

디도서 *Titus*

"복음 위에 세워진 바른 삶과 건강한 교회"

NOTE

1. 들어가며

디도서는 사도 바울이 로마 감옥에서 풀려난 뒤, 주후 63-64년경에 니고볼리에서 기록한 목회서신이다. 바울은 디도를 그레데에 남겨 교회 지도자들을 세우고, 질서를 바로잡게 했다. 당시 그레데교회는 율법주의와 도덕적 해이로 인해 흔들리고 있었고, 바울은 디도에게 바른 교훈과 경건한 삶의 기준을 잘 가르치라고 당부하고자 이 서신을 보냈다.

2. 한눈에 보기

디도서는 교회의 질서 확립과 성도의 삶과 실천이라는 두 부분으로 구성된다. 전반부(1-2장)는 지도자의 자격과 역할, 이단 경계, 연령과 신분에 따른 성도의 모범된 삶을 다룬다. 후반부(3장)는 성도가 세상 속에서 복음에 합당한 삶을 살도록 권면하며, 순종, 선행, 관용, 무익한 논쟁 회피, 공동체의 협력과 섬김을 강조한다.

NOTE

3. 중심 메시지

1) 교회의 바른 질서 확립: 바울은 디도에게 장로(교회 지도자)를 세울 때 어떤 기준을 갖추어야 하는지 구체적으로 알려주며, 지도자의 삶과 가르침이 성도들에게 본이 되어야 한다고 강조한다. 이것은 교회가 하나님의 진리 위에 바르게 세워지고, 건강하게 자라가기 위해 꼭 필요한 기초이다.

2) 선한 행실의 삶: 바울은 성도들이 구원받은 것으로 만족하지 말고, 매일의 삶 속에서 선한 행동을 하며 살아야 한다고 가르친다. 이러한 선행은 하나님의 은혜에 대한 응답이며, 믿는 자로서의 정체성을 드러내는 삶의 열매이다.

4. 구조

구분	범위	주요 내용
교회의 질서 확립	1-2장	인사와 임무 위임, 지도자의 자격 기준, 거짓 교사 경계, 연령과 성별에 따른 교훈, 경건한 삶의 자세
그리스도인의 삶과 실천	3장	사회 속 그리스도인의 태도, 이단과 불필요한 논쟁에 대한 경고, 마무리 인사

5. 내용 분석

1) 디도서 1-2장 | 교회의 질서 확립

(1) 인사와 임무 위임(1:1–5)

바울은 자신을 하나님의 종이자 사도로 소개하며, 하나님의 택하심을 받은 사람들의 믿음을 굳게 하고 진리를 깨닫게 하는 일을 돕기 위해 부름받았다고 밝힌다. 이어 디도에게 은혜와 평강을 전하며 그레데의 남은 일을 정리하고 각 성읍에 장로를 세우는 사명을 맡긴다.

NOTE

디도서 1장 5절을 적어보세요.

(2) 지도자의 자격 기준(1:6-9)

바울은 장로로 세울 자의 성품과 자격을 구체적으로 제시한다. 그는 책망할 것이 없고, 한 아내의 남편이며, 자녀를 믿음 안에서 잘 양육한 자이어야 한다. 또한 자만하지 않고 술과 폭력에 얽매이지 않으며, 정직하고 거룩하며 절제된 삶을 살아야 한다. 아울러 말씀에 능통하여 건전한 교훈으로 권면하고 반대하는 자들을 올바르게 책망할 수 있어야 한다.

디도서 1장 9절을 적어보세요.

(3) 거짓 교사 경계(1:10-16)

바울은 율법주의자들과 같은 거짓 교사들을 따르지 않도록 강하게 경고한다. 그들은 허탄한 말을 퍼뜨리고 가정을 무너뜨리며 부정한 이익을 탐한다. 바울은 이들이 입으로는 하나님을 고백하지만 행위로는 부인하며, 선한 일을 행하지 않으므로 책망받아 마땅하다고 지적한다.

디도서 1장 16절을 적어보세요.

NOTE

(4) 연령과 성별에 따른 교훈(2:1-6)

바울은 디도에게 연령과 성별에 따라 성도들에게 합당한 삶의 태도를 가르치라고 명한다. 나이 많은 남성에게는 절제와 신중함, 믿음과 사랑과 인내를 강조하고, 나이 많은 여성에게는 거룩한 행실과 남을 모함하지 않는 절제된 언어생활을 요구한다. 젊은 여성에게는 가정에 충실하고 선을 행하고 남편에게 복종하는 태도를, 젊은 남성에게는 지혜롭게 행동할 것을 권면한다.

디도서 2장 2-3절을 적어보세요.

(5) 경건한 삶의 자세(2:7-15)

바울은 디도에게 모든 일에 본을 보이며 건전한 교훈과 단정한 태도를 갖추라고 권면한다. 성도들은 하나님의 은혜로 말미암아 경건하지 않은 삶과 세속적인 욕망을 버리고, 절제하며 의롭고 경건하게 살아가며, 복된 소망이신 그리스도의 나타나심을 기다려야 한다.

디도서 2장 12절을 적어보세요.

2) 디도서 3장 | 그리스도인의 삶과 실천

(1) 사회 속 그리스도인의 태도(3:1-2)

바울은 성도들에게 통치자와 권세자들에게 복종하고 순종하며, 모든

NOTE

선한 일에 힘쓰고, 아무도 비방하지 말며, 다투지 말고 관용과 온유함으로 모든 사람을 대할 것을 권면한다.

디도서 3장 2절을 적어보세요.

(2) 이단과 불필요한 논쟁에 대한 경고(3:3-11)

바울은 성도들에게 믿기 전에는 어리석고 방탕하며 속임을 당했던 자들이었음을 상기시키며, 이제는 구원받은 자로서 달라져야 한다고 강조한다. 그는 율법에 관한 논쟁이나 족보 이야기처럼 무익하고 해로운 주제를 피하라고 권면하며, 거짓 교리로 분열을 일으키는 사람은 두세 번 훈계한 뒤에도 돌이키지 않으면 멀리하라고 지시한다.

디도서 3장 10절을 적어보세요.

(3) 마무리 인사(3:12-15)

바울은 겨울을 함께 보내기 위해 디도에게 니고볼리로 오라고 요청하며, 율법교사 세나와 아볼로에게 필요한 것을 공급해 달라고 부탁한다. 모든 성도가 열매 없는 삶을 살지 않도록 선한 일에 힘쓸 것을 강조하며 마무리 인사를 전한다.

NOTE

디도서 3장 15절을 적어보세요.

6. 절대 긍정, 절대 감사 Point

1) 말씀 위에 세워지는 삶

바울은 디도에게 바른 가르침을 전하고, 삶의 모든 면에서 모범이 될 것을 당부한다. 하나님의 말씀은 혼란한 세상 속에서도 성도를 바르게 세우는 참된 능력이다. 우리도 말씀 위에 굳게 서서 절대 긍정, 절대 감사의 믿음을 가지고 살아가야 한다.

말씀을 따라 살아가기 위해 오늘 내가 실천할 수 있는 일을 한 가지 적어보세요.

2) 감사의 열매를 맺는 삶

바울은 디도에게 성도들이 경건과 선한 행실로 복음에 합당한 삶을 살도록 가르치라고 권면한다. 우리는 하나님의 은혜로 구원받은 백성이다. 하나님의 은혜를 기억하는 사람은 어떤 상황에서도 감사의 열매를 맺어야 한다.

지금 나의 삶 속에서 하나님께 감사할 수 있는 일을 적어보세요.

NOTE

7. 과제

1) 디도서를 공부하면서 가장 은혜받았던 성경 구절을 적어봅시다.

2) 디도서 강의를 통해 깨달은 점을 구체적으로 적어봅시다.

8. 장별 핵심 내용

NOTE

1장 교회 지도자의 자격, 거짓 교사에 대한 경고
2장 성도 각 계층을 향한 바른 교훈, 경건한 삶
3장 선한 삶의 실천, 이단에 대한 경고, 마무리 인사

빌레몬서 *Philemon*

"복음이 빚어낸 용서와 사랑"

NOTE

1. 들어가며

빌레몬서는 사도 바울이 로마 감옥에서 빌레몬에게 보낸 개인적인 편지이다. 바울은 이 편지에서 빌레몬의 집에서 도망친 종 오네시모를 용서하고 그를 형제로 받아줄 것을 요청한다. 이 편지는 복음의 능력과 용서, 화해의 중요성을 보여준다.

2. 한눈에 보기

빌레몬서는 크게 세 부분으로 나눌 수 있다. 먼저 바울은 인사를 전하며 빌레몬의 믿음과 사랑에 대해 감사하고 기도한다(1:1-7). 이어 복음으로 변화된 오네시모를 소개하며, 그를 용서하고 받아줄 것을 부탁한다(1:8-22). 마지막으로 빌레몬의 순종을 기대하며 자신의 석방과 방문 의사를 전하고 편지를 마무리한다(1:23-25).

3. 중심 메시지

1) 복음의 능력: 도망자였던 오네시모는 바울이 전한 복음을 듣고 완전히 새로운 사람으로 변화된다. 복음에는 한 사람의 영혼을 변화시킬 뿐

만 아니라, 주인과 종이라는 사회적 신분마저 무너뜨리는 능력이 있다.

NOTE

2) 용서와 화해: 바울은 빌레몬에게 오네시모를 형제로 받아들이며 용서해달라고 부탁한다. 이는 그리스도인이 하나님의 사랑으로 자발적으로 용서하고 화해해야 함을 보여준다. 이 모습은 예수 그리스도께서 하나님과 우리 사이를 화해시킨 것을 떠올리게 한다.

4. 구조

구분	범위	주요 내용
인사와 칭찬	1:1-7	빌레몬을 향한 바울의 칭찬
바울의 부탁	1:8-22	오네시모를 위한 간청
맺음말	1:23-25	문안과 축도

5. 내용 분석

1) 빌레몬서 1:1-7 | 인사와 칭찬

바울은 동역자 디모데와 함께 인사를 전한 뒤, 빌레몬의 사랑과 믿음, 성도들을 향한 섬김의 삶에 대해 감사하며 칭찬한다. 그의 신앙은 많은 이들에게 위로와 기쁨을 주었다.

빌레몬서 1장 7절을 적어보세요.

2) 빌레몬서 1:8-22 | 바울의 부탁

바울은 복음을 통해 변화된 오네시모를 빌레몬에게 다시 돌려보내며, 이제는 종이 아니라 사랑받는 형제로 받아줄 것을 간청한다. 그는

NOTE

빌레몬이 자발적으로 용서와 사랑으로 응답하기를 바라며, 오네시모의 잘못은 자신이 책임지겠다고 약속한다. 또한 자신이 석방된 후 빌레몬에게 환대를 받기를 기대한다.

빌레몬서 1장 17-18절을 적어보세요.

3) 빌레몬서 1:23-25 | 맺음말

바울은 자신과 함께 갇힌 에바브라와 동역자 마가와 아리스다고, 데마, 누가의 문안을 전하며 편지를 읽는 이들에게 예수 그리스도의 은혜가 함께 있기를 기원하며 편지를 마무리한다.

빌레몬서 1장 25절을 적어보세요.

6. 절대 긍정, 절대 감사 Point

1) 복음이 빚어내는 변화의 능력

오네시모는 도망자였지만 복음을 통해 새로운 삶을 살아가는 사람으로 변화되었다. 복음은 우리의 어두운 과거를 덮고, 밝은 미래를 열어주는 능력이 있다. 우리는 하나님의 구원하심에 감사하고 지금도 하나님이 내 삶을 새롭게 변화시키고 계심을 믿고 살아가야 한다.

NOTE

예수님을 믿고 난 후 내 삶에서 달라진 점 한 가지를 적어보세요.

2) 용서와 사랑의 삶

바울은 빌레몬에게 강요하지 않고 사랑으로 부탁하며, 오네시모를 용서하고 형제로 받아달라고 말한다. 복음은 단순한 지식이나 말이 아니라, 실제 삶에서 행동으로 나타나야 한다. 진정으로 변화된 성도는 자신에게 상처 준 사람도 용서하고 사랑하며 살아간다.

용서해야 할 사람이 있다면, 그 사람을 용서하기 위해 오늘 내가 실천할 수 있는 일은 무엇인지 적어보세요.

7. 과제

1) 빌레몬서를 공부하면서 가장 은혜받았던 성경 구절을 적어봅시다.

NOTE

2) 빌레몬서 강의를 통해 깨달은 점을 구체적으로 적어봅시다.

8. 장별 핵심 내용

1:1-7 빌레몬의 믿음과 사랑을 칭찬하는 바울
1:8-22 오네시모에 대한 바울의 요청
1:23-25 동역자들의 문안과 축도

NOTE

히브리서 *Hebrews*

"영원한 대제사장이신 예수님"

NOTE

1. 들어가며

히브리서의 저자가 누구인지는 정확히 알려지지 않았다. 이 서신은 유대인 출신 그리스도인들에게 예수님이 완전하고 영원한 대제사장이심을 알리기 위해 기록되었다. 당시 박해와 유혹 속에서 흔들리는 성도들에게 예수님만이 참된 구원자이자 중보자임을 선포하며, 신앙을 지키도록 권면한다.

2. 한눈에 보기

히브리서 전반부(1-10장)는 예수 그리스도의 우월성과 사역에 대해 강조하며, 유대교로 돌아가려는 그리스도인들에게 믿음을 굳게 붙들 것을 권면한다. 후반부(11-13장)는 믿음의 조상들을 본받아 인내로 믿음의 경주를 이어가며, 믿음을 삶 속에서 실천하며 살아갈 것을 독려한다.

3. 중심 메시지

1) 예수 그리스도의 우월성: 히브리서는 예수님을 구약성경에 등장하는 여러 인물보다 뛰어나신 분임을 강조한다. 또한 예수님을 하나님의

아들이자 구속의 완성자로서 가장 높은 분이심을 드러낸다.

NOTE

2) 믿음과 인내: 히브리서는 믿음의 중요성을 강조하며, 믿음의 조상들이 보여준 인내의 본을 따르라고 권면한다. 이를 통해 그리스도인들이 고난과 시련 속에서도 믿음을 지키고, 하나님이 약속하신 구원을 소망하며 인내하도록 격려한다.

3) 새 언약과 구원의 확신: 히브리서는 구약의 제사 제도가 장차 올 것들의 모형과 그림자에 불과하며, 예수님이야말로 그 원형이자 참된 언약과 구원의 실체임을 증언한다. 그리스도인들은 예수님을 통해 죄 사함을 받고 하나님과의 새로운 언약 관계 속으로 들어가게 되며 이로써 구원을 확신하게 된다.

4. 구조

구분	범위	주요 내용
그리스도의 우월성	1-4장	그리스도의 신성, 천사들보다 우월하신 그리스도, 모세보다 우월하신 그리스도
그리스도 사역의 우월성	5-10장	위대한 대제사장 그리스도, 믿음을 굳게 붙들라는 권면, 멜기세덱의 반차를 따른 그리스도, 영원하고 완전한 제사, 소망의 근거와 성도의 의무
그리스도인의 우월성	11-13장	믿음의 참 의미와 믿음의 증인들, 고난을 통해 성숙에 이르는 믿음

5. 내용 분석

1) 히브리서 1-4장 | 그리스도의 우월성

(1) 그리스도의 신성(1:1-3)

예수님은 모든 세계를 창조하신 분이시며, 죄를 정결하게 하시고 하나님의 우편에 앉으신 분이시다. 예수님은 하나님의 본체의 형상이시

NOTE

기에 예수님을 본 것은 하나님을 본 것과 같다.

히브리서 1장 2절을 적어보세요.

(2) 천사들보다 우월하신 그리스도(1:4-2:18)

예수님은 천사들의 경배를 받으시는 분이시고 만물을 지으신 완전한 창조주이시다. 반면, 천사들은 구원받은 자들을 섬기도록 보내진 영적 존재이다. 따라서 예수님은 천사보다 우월하시며, 하나님의 아들로서 영광과 존귀를 받으시기에 합당한 분이시다.

히브리서 1장 5절을 적어보세요.

(3) 모세보다 우월하신 그리스도(3-4장)

예수님은 하나님의 집을 충성스럽게 섬긴 아들이시며, 종으로 섬긴 모세보다 훨씬 우월하신 분이시다. 히브리서 기자는 이스라엘 백성이 광야에서 불순종으로 안식에 들어가지 못했던 역사를 상기시키며, 믿음과 순종으로 참된 안식에 들어가라고 권면한다.

히브리서 3장 5-6절을 적어보세요.

2) 히브리서 5-10장 | 그리스도 사역의 우월성

NOTE

(1) 위대한 대제사장 그리스도(5:1-10)

예수님은 인간과 하나님 사이를 중재하는 참된 대제사장이시다. 구약의 대제사장들과 달리, 예수님은 죄가 없으심에도 불구하고 고난을 통해 순종을 배우고, 하나님의 부르심으로 멜기세덱의 반차를 따라 영원한 대제사장이 되셨다. 예수님은 한 번의 완전한 제사를 통해 우리를 온전히 구원하셨다.

히브리서 5장 5절을 적어보세요.

(2) 믿음을 굳게 붙들라는 권면(5:11-6:20)

당시 그리스도인들은 신앙생활을 시작한 지 오래되었지만, 여전히 신앙의 초보 단계에 머물러 있었다. 하나님은 거짓이 없으신 분이시므로 하나님의 약속은 온전히 신뢰할 수 있다. 그러므로 성도는 그리스도의 도의 초보에서 벗어나 완전한 데로 나아가기를 힘써야 한다.

히브리서 6장 1-2절을 적어보세요.

(3) 멜기세덱의 반차를 따른 그리스도(7:1-8:13)

구약의 대제사장들은 백성의 속죄를 위해 자신을 먼저 속죄해야 했지만, 온전한 속죄가 불가능했기에 죄 없는 대제사장이 필요했다. 그분

NOTE

이 바로 멜기세덱의 반차를 따른 예수님이며, 예수님은 한 번의 제사로 인류의 모든 죄를 대속하셨다. 예수님의 대제사장직은 율법에 따른 제사장직보다 우월하며, 예수님은 새 언약의 중보자이시다.

히브리서 7장 23-24절을 적어보세요.

(4) 영원하고 완전한 제사(9:1–10:18)

예수님은 하늘 성소에서 자기의 피를 죄인들을 위한 속죄 제물로 단번에 드리심으로 영원한 속죄를 이루셨다. 새 언약의 중보자이신 예수님은 부르심을 받은 사람들에게 영원한 기업을 약속하신다. 예수님이 드리신 완전한 제사를 통해 구약의 희생 제사는 더 이상 필요하지 않게 되었다.

히브리서 9장 14절을 적어보세요.

(5) 소망의 근거와 성도의 의무(10:19–39)

예수님의 보혈로 우리의 죄가 용서받고 하나님께 나아갈 길이 열렸다. 성도들은 그 소망을 굳게 잡고 서로 사랑과 선행을 격려하며 모이기에 힘써야 한다. 또한 예수님의 재림을 기다리며 담대함과 인내로 믿음을 지켜야 한다. 하나님의 뜻을 행하는 자들에게는 구원의 약속이 확실히 이루어질 것이다.

NOTE

히브리서 10장 23절을 적어보세요.

3) 히브리서 11-13장 | 그리스도인의 우월성

(1) 믿음의 참 의미와 믿음의 증인들(11장)

믿음은 바라는 것들의 실상이요, 보이지 않는 것들의 증거이다. 아브라함을 비롯한 믿음의 선조들은 고난 가운데서도 하나님의 약속을 믿고 인내했다. 그들의 믿음은 우리가 참 그리스도인의 삶을 살아가는데 모범이 된다.

히브리서 11장 1절을 적어보세요.

(2) 고난을 통해 성숙에 이르는 믿음(12-13장)

그리스도인의 삶이란 마치 장거리 경주와도 같다. 그리스도인은 죄를 벗어 버리기 위해 항상 힘쓰고, 고난 중에도 "믿음의 주요 또 온전하게 하시는 이"이신 예수님을 바라보며 흔들리지 않는 믿음과 인내로 성숙한 믿음에 이르러야 한다.

히브리서 12장 2절을 적어보세요.

NOTE

6. 절대 긍정, 절대 감사 Point

1) 도와주시는 예수님

예수님은 우리의 죄를 대신하여 십자가에 못 박혀 죽으심으로 구원의 길을 여셨다. 또한 죄와 사망의 권세를 이기시고 부활하신 후 승천하셔서 지금도 시험받는 자들을 도우신다(히 2:18). 우리는 이 놀라운 구원의 은혜를 기억하고 날마다 예수님을 의지하며 역경 속에서도 감사함으로 살아가야 한다.

지금도 여전히 나를 도와주고 계시는 예수님께 감사의 고백을 적어보세요.

2) 성숙한 믿음

히브리서는 믿음의 선진들을 예로 들어 우리가 어떤 믿음으로 살아가야 하는지를 가르쳐 준다. 참된 믿음은 핍박이 다가올지라도 하나님의 말씀에 절대적으로 긍정하며 순종하는 믿음이다. 우리는 믿음의 주요 온전하게 하시는 예수님을 바라보며 절대 긍정의 믿음으로 순종하여 하나님을 기쁘시게 해야 한다.

하나님은 오늘도 믿음의 사람을 찾고 계십니다. 하나님께 드리는 믿음의 고백을 적어보세요.

7. 과제

NOTE

1) 히브리서를 공부하면서 가장 은혜받았던 성경 구절을 적어봅시다.

2) 히브리서 강의를 통해 깨달은 점을 구체적으로 적어봅시다.

NOTE

8. 장별 핵심 내용

1-4장 그리스도의 우월성

1-2장 예수 그리스도의 신성, 천사들보다 우월하신 그리스도

3-4장 모세보다 우월하신 그리스도

5-10장 그리스도의 사역의 우월성

5-6장 위대한 대제사장이신 그리스도

7-8장 진정한 대제사장이신 그리스도

9-10장 영원하고 완전한 제사와 소망의 근거

11-13장 그리스도인의 우월성

11장 믿음의 참 의미와 믿음의 증인들

12-13장 고난을 통해 성숙에 이르는 믿음

NOTE

야고보서 *James*

"행함이 있는 믿음"

NOTE

1. 들어가며

야고보서는 예수님의 형제인 야고보가 여러 지역에 흩어져 살아가는 유대인 출신 그리스도인들에게 보낸 서신이다. 이 서신은 고난과 핍박 가운데 있는 그리스도인들에게 믿음으로 인내할 것을 권면한다. 또한 교회 안에서 성도 간에 사랑으로 하나 되고, 행함이 있는 믿음을 가질 것을 강조한다.

2. 한눈에 보기

야고보서 1장은 고난 중에 있는 성도들을 위로하고 격려하며, 믿음 안에서 인내하고 하나님의 선하신 뜻을 따를 것을 권면한다. 2장은 믿음과 행함의 관계를 중점적으로 다루며, 행함이 없는 믿음은 죽은 믿음임을 강조한다. 3-5장은 혀의 절제, 참된 지혜, 겸손과 순종, 인내와 기도 등 성숙한 그리스도인의 삶을 위한 구체적인 지침들을 제시한다.

3. 중심 메시지

1) 고난 속에서 성숙하는 믿음: 야고보서는 믿음의 시련이 단순한 고

통이 아니라, 오히려 믿음을 단련하는 하나님의 도구임을 강조한다. 성도는 고난을 통해 신앙이 성장하게 된다. 결국 고난은 하나님의 선하신 뜻 안에서 성도를 성숙으로 이끄는 통로가 된다.

NOTE

2) 행동으로 나타나는 참된 믿음: 야고보서는 "행함 없는 믿음은 죽은 것"이라고 밝히며, 말씀을 듣기만 하지 말고 실천해야 함을 강조한다. 가난한 이웃을 돌보고, 말의 절제를 실천하며, 갈등 속에서도 사랑을 실천하라는 실제적인 가르침을 전한다.

3) 겸손과 공동체 사랑: 야고보서는 자신의 연약함을 인정하고 하나님께 순종하라고 권면한다. 욕심과 교만을 버리고 서로를 겸손히 섬기며, 판단하거나 비난하기보다는 사랑으로 대할 것을 가르친다. 부요한 자들에게는 재물을 의지하지 말고 겸손한 태도를 가질 것을 권면하며, 기도를 통해 서로 치유하고 회복하는 공동체가 되라고 강조한다.

4.구조

구분	범위	주요 내용
믿음과 시험	1장	인사, 시험에 대한 교훈, 거듭난 새 삶
믿음과 행함	2장	차별하여 대하지 말라, 행함으로 온전해지는 믿음
성숙한 그리스도인의 삶	3-4장	혀의 올바른 사용, 참된 지혜와 거짓 지혜, 그리스도인의 삶
종말을 살아가는 자세	5장	부자들에 대한 경고와 그리스도인의 인내, 소망과 기도

NOTE

5. 내용 분석

1) 야고보서 1장 | 믿음과 시험

(1) 인사(1:1)

야고보는 자신을 "하나님과 주 예수 그리스도의 종"이라고 밝히면서 여러 지역에 흩어져 살아가는 유대인 출신 그리스도인들에게 문안한다.

야고보서 1장 1절을 적어보세요.

(2) 시험에 대한 교훈(1:2-18)

그리스도인은 여러 가지 시험을 마주할 때 기뻐해야 한다. 시험은 인내를 만들어 내고 온전한 인내는 그리스도인으로서 부족함이 없게 만들어 주기 때문이다. 그러므로 그리스도인은 시험이 다가올 때 하나님께 지혜를 구하며 시험을 견뎌내야 한다.

야고보서 1장 12절을 적어보세요.

(3) 거듭난 새 삶(1:19-27)

거듭난 그리스도인은 하나님의 말씀을 듣는 것과 행함이 일치해야 한다. 참된 믿음은 말씀을 듣는 것에 그치지 않고 듣고 깨달은 말씀에 순종하는 행함이 나타나야 한다.

NOTE

야고보서 1장 22절을 적어보세요.

2) 야고보서 2장 | 믿음과 행함

(1) 차별하여 대하지 말라(2:1-13)

당시 사회는 회당이나 모임에서 부유한 자를 우대하고 가난한 자를 차별했다. 그러나 성경은 사람을 외모나 사회적 지위를 기준으로 판단하지 말고 모두에게 사랑으로 행하라고 가르친다.

야고보서 2장 8절을 적어보세요.

(2) 행함으로 온전해지는 믿음(2:14-26)

입술로만 고백하는 신앙은 아무런 가치가 없다. 진정한 믿음은 행함으로 나타나야 한다. 야고보는 아브라함과 라합의 사례를 통해 믿음과 행함이 함께할 때 그 믿음이 온전해진다고 강조한다.

야고보서 2장 14절을 적어보세요.

NOTE

3) 야고보서 3-4장 | 성숙한 그리스도인의 삶

(1) 혀의 올바른 사용(3:1-12)

말에 실수가 없는 사람은 성숙한 그리스도인이다. 혀는 몸의 작은 지체이지만, 그 영향력은 매우 크다. 작은 불씨가 큰불을 일으키듯, 말 한마디의 실수도 큰 문제를 일으킬 수 있다. 그러므로 혀를 잘 다스려 하나님의 영광을 가리는 일이 없도록 힘써야 한다.

야고보서 3장 2절을 적어보세요.

(2) 참된 지혜와 거짓 지혜(3:13-18)

참된 지혜는 겸손한 삶에서 드러난다. 참된 지혜는 위로부터 난 지혜로 순결하고 화평하고 온유하며, 긍휼과 선한 열매가 가득하다. 반면, 마귀와 세상의 정욕에서 비롯된 거짓 지혜는 시기와 다툼을 일으키며 혼란과 악을 가져온다.

야고보서 3장 17절을 적어보세요.

(3) 그리스도인의 삶(4장)

모든 싸움은 사람의 정욕에서 비롯된다. 아무리 기도해도 응답받지 못하는 이유는 정욕을 따라 구하기 때문이다. 참된 그리스도인의 삶은 육신의 정욕과 물질을 따르는 삶을 내려놓고 겸손하게 하나님을 따르는 삶이어야 한다.

NOTE

야고보서 4장 8절을 적어보세요.

4) 야고보서 5장 | 종말을 살아가는 자세

(1) 부자들에 대한 경고와 그리스도인의 인내(5:1-11)

가난한 자를 착취하는 불의한 부자들은 하나님께 심판받을 자들이다. 그들로 인해 고통당하는 그리스도인들은 주님이 다시 오시기까지 마음을 굳건하게 하며 인내해야 한다. 하나님은 인내하는 자를 잊지 않으시고 긍휼과 자비를 베푸신다.

야고보서 5장 7-8절을 적어보세요.

(2) 소망과 기도(5:12-20)

그리스도인은 주님의 재림을 소망하며 견디고 헛된 맹세를 하지 말아야 한다. 교회를 든든히 세우기 위해 서로를 위해 기도하고, 미혹된 성도가 진리를 떠나지 않도록 믿음 안에서 서로 돕고 바로잡아 주어야 한다.

NOTE

야고보서 5장 20절을 적어보세요.

6. 절대 긍정, 절대 감사 Point

1) 행함이 있는 믿음

야고보서는 "행함이 없는 믿음은 죽은 것이라"라고 말하며 진정한 믿음은 행함으로 나타나야 함을 강조한다. 아브라함과 라합의 행함 있는 믿음은 우리가 하나님의 말씀에 절대 긍정의 믿음을 갖게 하는 좋은 본이 된다.

하나님의 뜻인지 알면서도 실천하지 못하는 부분이 무엇인지 적어보세요.

2) 긍정과 감사의 말

말은 사람을 살리기도 하고 죽이기도 하는 힘이 있다. 하나님은 우리가 사랑과 용서의 말로 서로 화목하게 살아가기를 원하신다. 우리는 모든 순간에 다른 사람을 살리는 긍정적이고 감사하는 말을 해야 한다.

부정적인 생각이 들 때 어떻게 긍정적이고 감사하는 말을 할 수 있을지 적어보세요.

NOTE

7. 과제

1) 야고보서를 공부하면서 가장 은혜받았던 성경 구절을 적어봅시다.

2) 야고보서 강의를 통해 깨달은 점을 구체적으로 적어봅시다.

NOTE

8. 장별 핵심 내용

1장 믿음과 시험
2장 믿음과 행함
3장 혀의 절제, 위로부터 오는 지혜
4장 분쟁에 대한 경고, 허탄한 자랑의 무익함
5장 부자에 대한 경고, 인내와 기도

NOTE

베드로전서 *1Peter*

"고난 중의 산 소망"

NOTE

1. 들어가며

베드로는 고난 가운데 있는 그리스도인들에게 영생의 소망을 붙잡고 구원의 확신을 가지며 살아갈 것을 권면한다. 아울러 하나님은 자기 백성을 지키시고 보호하신다는 확신을 주며 끝까지 믿음을 지켜나갈 것을 요청한다.

2. 한눈에 보기

베드로전서는 여러 지역에 흩어져 있는 그리스도인들에게 인사를 전하고 하나님께 찬양과 감사를 드린다. 이어 이방 세계에 살아가는 그리스도인이 국가 통치, 가정 등 다양한 관계 속에서 어떤 태도를 가져야 하는지를 설명하며, 믿음으로 인한 박해와 고난을 이기라고 권면한다. 마지막으로 죄를 버리라는 권면과 교회를 향한 격려를 전하고 마지막 인사로 서신을 마무리한다.

3. 중심 메시지

1) 예수 그리스도의 고난과 부활: 예수님은 자기 백성을 죄에서 구원

하시기 위해 십자가 희생을 감당하셨다. 예수님의 고난과 부활은 그리스도인에게 확실한 구원 소망의 근거가 된다. 그분을 따르는 삶은 고난 속에서도 반드시 영광으로 이어질 것이다.

NOTE

2) 고난 중에 소망과 믿음의 시험: 그리스도인은 고난을 통해 믿음이 연단되고 더욱 성장한다. 고난은 단순한 고통이 아니라 믿음을 굳건히 세우는 기회가 된다. 이를 통해 그리스도인은 자기를 향한 하나님의 사랑과 구원의 능력을 확신하게 된다.

3) 그리스도인의 삶과 거룩함: 그리스도인은 세상의 유혹과 고난 속에서도 믿음으로 인내하며 거룩하게 살아가야 한다. 그리스도 안에서 믿음으로 살아가는 거룩한 삶은 주님이 다시 오실 때 구원의 확실한 증거로 드러나게 된다.

4. 구조

구분	범위	주요 내용
구원 계획	1:1-12	인사 및 찬송, 연단된 믿음과 구원의 영광
실천적 신앙생활	1:13-3:12	택하신 백성의 거룩한 삶, 세상의 제도 안에서의 그리스도인
고난에 대한 권면	3:13-4:19	의를 위한 고난, 그리스도의 고난에 참여하는 기쁨
권고와 맺음말	5장	마지막 권면과 문안 및 축도

5. 내용 분석

1) 베드로전서 1:1-12 | 구원 계획

(1) 인사 및 찬송(1:1–5)

베드로는 흩어져 있는 성도들에게 인사를 전한다. 성도의 구원은 아버지와 아들과 성령께서 함께 이루신 은혜의 역사이다. 그러므로 택함

NOTE

을 받은 성도들은 예수 그리스도를 통해 산 소망을 주신 하나님을 찬송해야 한다.

베드로전서 1장 3절을 적어보세요.

(2) 연단된 믿음과 구원의 영광(1:6-12)

성도들이 잠시 겪는 고난은 그들의 믿음을 연단하여 더욱 순결하게 한다. 연단된 믿음은 예수 그리스도께서 나타나실 때 칭찬과 영광과 존귀를 얻게 하며, 그리스도를 사랑하고 믿는 자들에게 구원의 결과로 주어진다.

베드로전서 1장 7절을 적어보세요.

2) 베드로전서 1:13-3:12 | 실천적 신앙생활

(1) 택하신 백성의 거룩한 삶(1:13-2:10)

거듭난 성도는 하나님을 본받아 거룩한 삶을 살아야 한다. 또한 말씀을 사모하여 영적으로 성장하고 형제를 진심으로 사랑해야 한다. 성도는 그리스도 안에서 택하신 족속, 왕 같은 제사장, 거룩한 나라, 하나님의 소유된 백성으로 부름을 받았다는 것을 기억하고 하나님의 덕을 선포하는 사명자로 살아가야 한다.

NOTE

베드로전서 2장 9절을 적어보세요.

(2) 세상의 제도 안에서의 그리스도인(2:11-3:12)

그리스도인은 세상 속에서 정결하고 정직하게 살아야 한다. 아내는 정결한 행실로 믿지 않는 남편을 구원하도록 힘쓰고, 남편은 아내를 자신보다 더 연약한 그릇으로 여기며 사랑해야 한다. 성도는 모든 사람과 화평하며, 마음을 같이하여 형제를 사랑하고 겸손히 행해야 한다. 악을 악으로 갚지 말고 복을 빌 때 하나님의 복이 임한다.

베드로전서 3장 9절을 적어보세요.

3) 베드로전서 3:13-4:19 | 고난에 대한 권면

(1) 의를 위한 고난(3:13-4:11)

베드로는 선을 행하다가 고난을 당하는 것이 오히려 복이라고 말한다. 성도는 고난 속에서도 그리스도를 주로 삼고 두려움 없이 선한 양심과 온유한 태도로 살아가야 한다. 또한 서로 사랑하며 기도에 힘쓰고, 받은 은사로 하나님을 섬기며 그분의 영광을 드러내야 한다.

NOTE

베드로전서 3장 14절을 적어보세요.

(2) 그리스도의 고난에 참여하는 기쁨(4:12–4:19)

베드로는 성도들에게 고난을 이상하게 여기지 말고, 그리스도의 고난에 참여함으로 기뻐하라고 권면한다. 고난 속에서도 성도는 하나님의 영이 함께하심을 확신하며, 낙심하지 말고 선을 행하면서 신실하신 하나님께 자신을 맡겨야 한다.

베드로전서 4장 13절을 적어보세요.

4) 베드로전서 5장 | 권고와 맺음말

장로들은 하나님의 뜻에 따라 양 무리의 본이 되어야 하고, 젊은이들은 겸손히 순종해야 한다. 모든 성도는 염려를 하나님께 맡기고 믿음으로 마귀의 공격을 이겨내어 하나님이 주시는 은혜를 경험해야 한다. 베드로는 고난이 하나님의 참된 은혜임을 강조하며 그 은혜에 굳게 설 것을 권면하고 모든 성도에게 평강을 기원한다.

베드로전서 5장 6-7절을 적어보세요.

NOTE

6. 절대 긍정, 절대 감사 Point

1) 고난 중에 함께하시는 하나님

베드로전서는 우리가 세상에서 고난을 겪더라도 천국 소망을 굳게 붙들고 믿음으로 살아갈 것을 권면한다. 그리스도인은 고난이 찾아올 때 낙심하지 말고 하나님이 약속하신 말씀을 절대 긍정의 믿음으로 붙들며 살아가야 한다.

오늘, 지금 나의 상황에서 하나님께 드릴 믿음의 고백을 적어보세요.

2) 마귀를 대적하라

마귀는 그리스도인이 하나님의 뜻을 이루지 못하도록 우는 사자와 같이 공격한다. 우리는 말씀과 기도로 항상 근신하며 깨어 있어야 한다. 마귀의 시험 뒤에는 하나님의 은혜가 예비 되어 있음을 기억하고, 어떤 상황에도 믿음을 잃지 말며 넘치는 감사로 모든 믿음의 시험을 이겨내야 한다.

환경에 마음이 흔들리지 않고 절대 긍정의 말을 하기 위해서 무엇을 해야 할지 적어보세요.

NOTE

7. 과제

1) 베드로전서를 공부하면서 가장 은혜받았던 성경 구절을 적어봅시다.

2) 베드로전서 강의를 통해 깨달은 점을 구체적으로 적어봅시다.

8. 장별 핵심 내용

NOTE

1장 산 소망, 부르심에 맞는 거룩한 생활
2장 산 돌과 하나님의 백성, 하나님의 종과 같이 하라, 그리스도의 고난
3장 아내와 남편, 선을 위한 고난
4장 하나님의 은혜를 맡은 선한 청지기, 그리스도인이 받을 고난
5장 하나님의 양 무리를 치라

베드로후서 2Peter

"거짓 가르침을 분별하라"

NOTE

1. 들어가며

베드로후서는 사도 베드로가 순교를 앞두고 마지막으로 기록한 서신이다. 이 서신은 거짓 교사들의 미혹과 배교의 위험 속에 있는 그리스도인들에게 경각심을 일깨우기 위해 쓰여졌다. 베드로는 참된 신앙 위에 굳게 서서 하나님의 약속을 붙잡고 거룩한 삶을 살아갈 것을 강조한다.

2. 한눈에 보기

베드로후서는 그리스도인들이 영적으로 성장하여 신성한 성품에 참여할 것을 권면하고, 교회 안의 배교와 거짓 선생에 대해 경고한다(1장). 거짓 선생의 가르침에 빠지지 말고 참된 가르침 안에 거할 것과(2장) 예수님의 재림을 소망하며 믿음으로 살아갈 것을 요구한다(3장).

3. 중심 메시지

1) 믿음의 성장과 덕목들: 베드로후서는 성도들에게 믿음뿐만 아니라, '지식', '절제', '인내', '경건', '사랑' 등의 덕목들을 갖출 것을 권면한

다. 이러한 덕목들은 믿음을 더욱 성숙하게 하고 그리스도의 성품을 닮아가는 삶을 살게 한다.

2) 거짓 선생들에 대한 경고: 교회 안에 침투한 거짓 선생들이 잘못된 가르침으로 성도를 미혹하고 구원의 진리를 왜곡할 위험이 크다고 경고한다. 이에 성도들에게 성경의 진리를 바르게 배우고, 거짓 교훈에 미혹되지 않아야 한다고 권면한다.

3) 재림의 준비: 예수님의 재림을 소망하며 경건하게 살아가야 함을 강조한다. 재림은 성도들에게 희망과 위로가 되며, 고난과 시련을 이겨낼 힘을 준다. 재림의 날은 의인에게는 구원의 날이지만, 악인에게는 심판의 날이 될 것이다. 성도는 늘 깨어 기도하며 경건한 삶으로 주님의 재림을 준비해야 한다.

NOTE

4. 구조

구분	범위	주요 내용
신앙의 성숙	1장	인사, 영적 성장에 대한 촉구, 확증된 진리
거짓 선생에 관한 경고와 주의 재림에 관한 약속	2:1-3:13	거짓 선생에 관한 경고, 그리스도 재림의 확실성
여러 가지 권면들	3:14-18	재림을 기다리는 성도의 자세, 영광송

5. 내용 분석

1) 베드로후서 1장 | 신앙의 성숙

(1) 인사(1:1–2)

베드로는 하나님과 우리 주 예수를 아는 참된 지식을 통해 '은혜와 평강'이 더욱 풍성해지기를 기원한다.

NOTE

베드로후서 1장 1-2절을 적어보세요.

(2) **영적 성장에 대한 촉구**(1:3–11)

그리스도인은 하나님을 통해 생명과 경건에 속하여 세상에서 썩어질 것을 피하고 그리스도의 신성한 성품에 참여하게 된다. 성숙한 믿음에는 덕, 지식, 절제, 인내, 경건, 형제 우애, 사랑과 같은 신앙의 덕목들이 함께 갖추어져야 한다.

베드로후서 1장 5-7절을 적어보세요.

(3) **확증된 진리**(1:12–21)

베드로는 자신이 떠난 후에도 성도들이 진리 위에 굳게 서기를 당부한다. 그는 예수님의 영광을 직접 본 증인으로서, 성경이 사람의 뜻이 아닌 성령의 감동으로 기록된 확실한 말씀임을 강조한다. 성도는 이 말씀에 집중함으로 어두운 세상 속에서도 믿음을 지켜야 한다.

베드로후서 1장 19절을 적어보세요.

2) 베드로후서 2:1-3:13 | 거짓 선생에 관한 경고와 주의 재림에 관한 약속

NOTE

(1) 거짓 선생에 관한 경고(2장)

거짓 선생들은 겉으로는 경건해 보이지만 그 속은 부패했다. 그들은 하나님의 진리를 왜곡하며, 자기의 이익을 위해 성도들을 잘못된 길로 이끈다. 베드로는 하나님이 이미 그들을 심판하시기로 정하셨다고 경고하며, 그들의 거짓 가르침에 미혹되지 말고 함께 멸망의 길로 가지 않도록 주의할 것을 강하게 권면한다.

베드로후서 2장 1절을 적어보세요.

(2) 그리스도 재림의 확실성(3:1–13)

베드로는 성도들에게 선지자들의 예언과 주님의 말씀을 기억하라고 권면한다. 거짓 교사들은 재림을 부정하며 정욕을 따라 살도록 유혹하지만, 주님의 재림은 반드시 이루어질 약속이다. 하나님은 오래 참으심으로 회개의 기회를 주시며, 성도는 노아의 시대를 기억하고 거룩함과 경건함으로 재림을 준비해야 한다.

베드로후서 3장 9절을 적어보세요.

NOTE

3) 베드로후서 3:14-18 | 여러 가지 권면들

(1) 재림을 기다리는 성도의 자세(3:14–17)

베드로는 재림을 기다리는 성도들에게 죄를 멀리하고 흠 없고 평안한 삶을 살 것을 권면한다. 하나님의 오래 참으심은 구원을 위한 것임을 기억하고, 말씀을 왜곡하는 자들로 인해 미혹되지 않도록 주의해야 한다. 성도는 흔들림 없이 진리 위에 굳게 서야 한다.

베드로후서 3장 14절을 적어보세요.

(2) 영광송(3:18)

그리스도인은 예수 그리스도의 은혜와 그분을 아는 지식에서 날마다 자라가야 한다. 오직 우리 주 예수 그리스도만이 지금부터 영원까지 영광 받으실 분이기 때문이다.

베드로후서 3장 18절을 적어보세요.

6. 절대 긍정, 절대 감사 Point

1) 하나님의 능력

하나님은 우리가 신성한 성품을 가지고 경건한 삶을 살아가기를 원하신다. 우리는 나의 힘이 아닌 하나님의 능력으로 믿음의 싸움에서 승리할 수 있음을 고백하고, 어떤 상황에서도 하나님이 예비하시고 도우신다는 것을 확신하며 절대 긍정의 믿음으로 살아가야 한다.

NOTE

절대 긍정의 믿음으로 살아가기 위해 실천해야 할 일을 적어보세요.

2) 오래 참으시는 하나님

하나님은 우리에 대해 오래 참으셔서 아무도 멸망 당하지 않고 회개하여 구원받기를 원하신다. 우리는 예수님이 다시 오실 날을 사모하며 하나님이 내게 주신 하루를 감사함으로 살아야 한다.

하나님이 주신 하루를 감사하며 살아가기 위해 실천할 수 있는 작지만 의미있는 행동 하나를 적어보세요.

7. 과제

1) 베드로후서를 공부하면서 가장 은혜받았던 성경 구절을 적어봅시다.

NOTE

2) 베드로후서 강의를 통해 깨달은 점을 구체적으로 적어봅시다.

8. 장별 핵심 내용

NOTE

1장 부르심과 택하심, 그리스도의 영광과 성경의 예언
2장 거짓 선지자들과 거짓 선생들
3장 하나님의 날

요한일서 *1John*

"하나님의 사랑과 빛 안에서의 교제"

NOTE

1. 들어가며

요한일서는 사도 요한이 당시 교회 안에 침투했던 이단 사상을 경계하고, 그리스도인들이 하나님과 사랑의 교제를 나누며 이웃에게 사랑을 실천하는 삶을 살도록 권면하기 위해 기록했다.

2. 한눈에 보기

요한일서는 '하나님은 빛이시며, 아버지이시며, 사랑이시다'라는 세 주제를 중심으로 전개된다. 성도는 죄를 고백하고 빛 가운데 살아가야 하며(1-2장), 하나님의 자녀로서 의와 사랑 가운데 구별된 삶을 살아야 한다(3-4장). 또한 하나님의 사랑을 실천하고 예수 그리스도를 믿음으로 영생을 누려야 하며, 믿음 안에서 확신과 담대함을 가지고 살아가야 한다(5장).

3. 중심 메시지

1) 빛 가운데 교제: 하나님은 빛이시다. 성도는 날마다 죄를 고백하여 깨끗함을 받고 빛 되신 하나님과 교제를 나누며 살아야 한다. 빛 가운

데 거할 때 하나님과 더욱 친밀해지며, 성도 간의 교제 또한 온전해질 수 있다.

NOTE

2) 사랑의 실천: 하나님은 사랑이시다. 하나님의 자녀 된 우리는 말과 혀로만 사랑하지 말고 행함과 진실함으로 사랑을 실천해야 한다.

3) 믿음의 승리: 예수님을 믿는 사람은 모두 하나님의 자녀이다. 하나님의 자녀는 세상을 이길 능력을 가지고 있으며, 그 능력은 믿음에서 나온다.

4. 구조

구분	범위	주요 내용
생명의 말씀이신 그리스도	1:1-4	예수 그리스도에 대한 증언
하나님은 빛이시다	1:5-2:29	빛이신 하나님, 죄의 고백, 계명을 지키며 진리 안에 거하라
하나님은 아버지이시다	3:1-4:6	하나님의 자녀와 마귀의 자녀, 사랑하고 성령 안에 거하며 믿음을 지키라
하나님은 사랑이시다	4:7-5:12	서로 사랑하고 믿음을 지키라
하나님께 속한 자의 삶	5:13-21	기록 목적 및 하나님의 보호하심

5. 내용 분석

1) 요한일서 1:1-4 | 생명의 말씀이신 그리스도

요한은 태초부터 있었던 말씀이 예수님이라고 선언하면서 예수님이 이 땅에 육신을 입고 오셨음을 밝힌다. 예수님은 생명의 근원이자 창조주이시며 하나님과 동등한 분이시다.

NOTE

요한일서 1장 1절을 적어보세요.

2) 요한일서 1:5-2:29 | 하나님은 빛이시다

(1) 빛이신 하나님(1:5–7)

하나님은 빛이시다. 이 빛은 어두움을 사랑하는 자에게는 정죄와 심판이 되며, 하나님을 사랑하는 자들에게는 생명을 얻는 구원의 빛이 된다. 이 빛 가운데서 행하면 하나님과 성도 간에 사귐이 있고 예수님의 피로 모든 죄가 깨끗해진다.

요한일서 1장 7절을 적어보세요.

(2) 죄의 고백(1:8–2:2)

요한은 성도들에게 자신의 죄를 고백하라고 권면한다. 만일 누구든지 자신에게 죄가 전혀 없다고 말한다면 그는 스스로를 속이는 것이다. 하나님은 진심으로 회개하고 죄를 자백하는 자를 용서해 주신다.

요한일서 1장 9절을 적어보세요.

NOTE

(3) 계명을 지키며 진리 안에 거하라(2:3-29)

빛 가운데 행하는 성도는 하나님의 계명을 지키며, 형제를 사랑함으로 참된 믿음을 실천해야 한다. 마지막 때가 가까운 지금, 거짓과 미혹의 영이 활동하므로 성도는 기름 부으심을 따라 진리 안에 거하며 예수 그리스도를 굳게 붙들어야 한다.

요한일서 2장 4절을 적어보세요.

3) 요한일서 3:1-4:6 | 하나님은 아버지이시다

(1) 하나님의 자녀와 마귀의 자녀(3:1-9)

마귀는 처음부터 죄를 지은 자이고 그를 따르는 자들에게 죄를 짓게 만든다. 예수님은 마귀의 일을 멸하기 위해 오셨다. 예수님의 십자가 희생을 통해 죄를 용서받고 하나님의 자녀가 된 우리는 죄를 멀리하고, 하나님의 거룩하심을 따라 성결한 삶을 살아가야 한다.

요한일서 3장 9절을 적어보세요.

(2) 사랑하고 성령 안에 거하며 믿음을 지키라(3:10-4:6)

예수님이 우리를 위해 목숨을 버리심으로 사랑의 본을 보여주셨듯이, 우리도 서로 사랑해야 한다. 요한은 하나님께 속한 자는 하나님의 말씀을 듣는다고 말하며 예수 그리스도의 성육신을 부정하는 이단에

NOTE

미혹되지 않도록 경고한다.

요한일서 4장 6절을 적어보세요.

4) 요한일서 4:7-5:12 | 하나님은 사랑이시다

예수님이 그리스도이심을 믿는 자는 하나님의 자녀이다. 하나님을 사랑하는 사람은 하나님께로부터 난 다른 성도들도 사랑해야 한다. 하나님은 사랑이시다. 그분의 사랑은 우리가 하나님의 계명을 따라 서로 사랑하는 삶을 통해 나타난다.

요한일서 5장 3절을 적어보세요.

5) 요한일서 5:13-21 | 하나님께 속한 자의 삶

요한일서의 기록 목적은 하나님의 아들을 믿는 자들에게 영생이 있음을 알게 하려 함이다. 성도가 하나님의 뜻을 따라 구할 때 하나님은 그 기도를 들으신다. 하나님은 그의 자녀들을 보호하시고 영생의 복을 주신다.

요한일서 5장 13절을 적어보세요.

6. 절대 긍정, 절대 감사 Point

NOTE

1) 빛 가운데 행함

하나님의 자녀 된 그리스도인은 죄로 인해 갈수록 어두워져 가는 이 세상에 생명의 빛을 환하게 비추어야 한다. 우리는 어떤 상황에도 절대 긍정의 말과 행동으로 하나님의 사랑을 전하며, 빛 가운데 행하는 삶을 살아가야 한다.

하나님의 자녀로서 세상 가운데 빛으로 살아가기 위해 실천할 내용을 적어보세요.

2) 사랑의 실천

하나님은 죄인 된 우리를 사랑하셔서 독생자 예수 그리스도를 내어주심으로 참된 사랑을 나타내셨다. 하나님의 자녀인 우리는 말과 혀로만이 아니라 하나님의 사랑을 삶 속에서 실천해야 한다.

주변에 있는 사람들을 사랑으로 섬기기 위해 무엇을 할 수 있을지 적어보세요.

NOTE

7. 과제

1) 요한일서를 공부하면서 가장 은혜받았던 성경 구절을 적어봅시다.

2) 요한일서 강의를 통해 깨달은 점을 구체적으로 적어봅시다.

NOTE

8. 장별 핵심 내용

1장 생명의 말씀, 하나님은 빛이시다
2장 우리의 대언자이신 예수 그리스도, 적그리스도와 하나님의 자녀
3장 행함과 진실함으로 사랑하자
4장 하나님의 영과 적그리스도의 영, 하나님은 사랑이시다
5장 세상을 이기는 믿음, 영생을 아는 지혜

요한이서 *2John*

"받은 계명대로 진리 안에 거하라"

NOTE

1. 들어가며

요한이서는 진리 안에서 사랑을 실천하는 삶의 중요성을 강조하는 짧은 서신이다. 특히 예수 그리스도의 성육신을 부인하는 이단 사상에 대해 강하게 경고하며, 그리스도인은 복음에 근거한 바른 신앙 위에 서서 하나님의 계명대로 진리와 사랑을 함께 지키며 살아가야 함을 권면한다.

2. 한눈에 보기

요한은 택하심을 받은 부녀와 자녀들에게 인사를 전한다(1:1-3). 그는 자녀들이 진리 안에서 행함을 기뻐하며, 서로 사랑하고 계명대로 살 것을 권면한다(1:4-6). 또한 거짓 교사들을 경계하라고 당부한 뒤(1:7-11), 직접 방문할 뜻과 인사를 전하며 서신을 마무리한다(1:12-13).

3. 중심 메시지

1) 믿음과 사랑의 관계: 요한이서는 믿음과 사랑이 분리될 수 없는 관계임을 강조한다. 참된 믿음은 사랑을 통해 드러나며, 사랑은 믿음을

NOTE

삶 속에서 실천하게 한다.

2) 형제 사랑의 실천: 사랑은 단지 말로만 이루어지는 것이 아니라, 형제 사랑을 통해 나타나야 한다. 이는 그리스도인의 삶에 있어 중요한 기준이 된다.

3) 거짓 교사에 대한 경고: 거짓 교사들이 잘못된 가르침을 전하는 것을 경계한다. 성도들은 신앙을 굳건히 세우고 올바른 교훈을 따라 신앙생활을 해야 한다. 진리의 말씀을 바르게 이해하고 순종하여 하나님께 합당한 삶을 살아가야 한다.

4. 구조

구분	범위	주요 내용
문안 인사	1:1-3	주의 자녀들에게 전하는 인사
진리와 사랑 안에서의 삶	1:4-11	서로 사랑하라, 이단을 경계하라
끝인사	1:12-13	방문할 계획을 전하는 끝인사

5. 내용 분석

1) 요한이서 1:1-3 | 문안 인사

요한은 택하심을 받은 부녀와 그의 자녀들에게 은혜와 긍휼과 평강이 있기를 기원한다. "택하심을 받은 부녀와 그의 자녀들"은 교회를 나타내는 상징적 표현이다.

요한이서 1장 3절을 적어보세요.

NOTE

2) 요한이서 1:4-11 | 진리와 사랑 안에서의 삶

요한이서는 먼저 성도 간의 사랑을 강조한다. 이어서 미혹하는 자들을 조심하라고 경고한다. 그들은 예수 그리스도께서 육신을 입고 이 땅에 오신 것을 부인하는 이단, 즉 적그리스도이다. 요한은 그들을 집에 들이지 말고, 그들과 인사도 하지 말라고 경고한다.

요한이서 1장 7절을 적어보세요.

3) 요한이서 1:12-13 | 끝인사

요한은 이른 시일 안에 방문하여 성도들과 교제를 나눔으로 영적인 기쁨을 충만히 나눌 계획을 밝히고 안부를 전하며 서신을 맺는다.

요한이서 1장 12절을 적어보세요.

6. 절대 긍정, 절대 감사 Point

1) 말씀을 가까이하는 삶

요한이서는 교회 안에 미혹하는 자들이 있음을 경고하며 그들에게서 멀어질 것을 권면한다. 우리는 이러한 미혹에 흔들리지 말고 오직 하나님의 말씀만이 참된 진리임을 믿는 믿음으로 살아가야 한다.

NOTE

말씀을 가까이하기 위해 실천해야 할 구체적인 행동 한 가지를 적어보세요.

2) 서로 사랑하라

요한이서는 하나님의 계명에 따라 사랑해야 함을 분명히 밝힌다. 하나님의 계명은 믿는 자라면 반드시 따르고 실천해야 할 하나님의 명령이다. 우리는 하나님이 베풀어 주신 사랑에 감사하며 받은 사랑을 삶 속에서 나누며 살아야 한다.

하나님께 받은 사랑을 내 삶 속에서 어떻게 실천할 수 있을지 적어보세요.

7. 과제

1) 요한이서를 공부하면서 가장 은혜받았던 성경 구절을 적어봅시다.

NOTE

2) 요한이서 강의를 통해 깨달은 점을 구체적으로 적어봅시다.

8. 장별 핵심 내용

NOTE

1:1-3 주의 자녀들에게 문안 인사
1:4-11 서로 사랑하라, 이단을 경계하라
1:12-13 방문할 계획을 전하는 끝인사

요한삼서 *3John*

"네 영혼이 잘됨 같이 네가 범사에 잘되고 강건하기를 내가 간구하노라"

NOTE

1. 들어가며

요한삼서는 사도 요한이 가이오에게 보낸 개인적인 편지이다. 요한은 사랑하는 가이오의 영혼이 잘됨 같이 범사가 잘되고 강건하기를 기도한다. 그는 교회 안에서 악을 행하는 디오드레베를 책망하는 반면, 데메드리오를 칭찬하며 성도들이 그의 신앙을 본받아야 함을 강조한다.

2. 한눈에 보기

요한은 가이오가 진리 안에서 행하는 삶을 칭찬하며, 복음 전도자들을 섬기는 것이 그리스도인의 본분임을 강조한다(1:1-8). 이어 디오드레베의 권력 남용과 사도적 권위 거부를 비판하며, 성도들이 올바른 지도력을 분별해야 함을 가르친다(1:9). 마지막으로 데메드리오와 같은 신실한 믿음의 본보기를 따를 것을 권면한다(1:12).

3. 중심 메시지

1) 진리 안에서의 삶: 요한삼서는 단순한 지식으로 아는 것이 아니라, 삶 속에서 실천되는 신앙을 강조한다. 가이오가 진리 안에서 행하는 삶

을 사는 것처럼, 성도들도 자신들이 아는 진리를 실제 삶에서 나타내야 한다.

NOTE

2) 사랑과 섬김의 실천: 요한삼서는 복음 전도자들을 지원하고 섬기는 일이 그리스도인의 중요한 사역임을 강조한다. 이러한 사랑과 섬김은 하나님의 사역에 동참하며 복음을 전하는 것과 같다.

3) 교회 내의 바른 지도력과 경건한 삶: 교회의 지도자는 하나님 앞에서 겸손하며, 성도들을 진리로 인도해야 한다. 그러나 디오드레베처럼 자기중심적인 태도를 가진 지도자는 교회를 혼란에 빠뜨린다. 성도들은 올바른 영적 지도력을 분별하고, 신실한 믿음의 본을 따라야 한다.

4. 구조

구분	범위	주요 내용
가이오에게 전하는 인사	1:1-2	가이오를 위한 요한의 기도
가이오를 향한 칭찬과 권면	1:3-8	가이오가 진리 안에서 행함을 기뻐함
디오드레베와 데메드리오	1:9-12	디오드레베의 악한 것을 본받지 말라
끝인사	1:13-15	속히 보기를 원하는 소망과 끝인사

5. 내용 분석

1) 요한삼서 1:1-2 | 가이오에게 전하는 인사

요한은 가이오를 사랑하는 자라고 부르며, 그의 영혼이 잘됨 같이 범사와 건강이 잘되기를 기도한다. 가이오를 향한 말씀은 모든 그리스도인을 향한 하나님의 뜻이기도 하다. 우리의 영혼이 잘되면 모든 일이 형통하고 건강하게 된다.

NOTE

요한삼서 1장 2절을 적어보세요.

2) 요한삼서 1:3-8 | 가이오를 향한 칭찬과 권면

가이오가 신실하게 진리 안에서 행한다는 소식을 듣고 요한은 크게 기뻐했다. 또한 그가 순회 전도자들을 잘 영접하여 예수님의 가르침인 사랑과 섬김을 삶으로 실천함을 칭찬하며, 대접을 계속하길 권면한다.

요한삼서 1장 5절을 적어보세요.

3) 요한삼서 1:9-12 | 디오드레베와 데메드리오

요한은 디오드레베가 교회 안에서 권위를 남용하고 사도들의 권면을 거부하며 성도들을 내쫓는 악행을 책망한다. 반면 데메드리오는 모든 사람과 진리로부터 좋은 증거를 얻은 신실한 인물로 소개된다. 요한은 성도들이 데메드리오와 같은 믿음의 본을 따를 것을 권면한다.

요한삼서 1장 12절을 적어보세요.

NOTE

4) 요한삼서 1:13-15 | 끝인사

요한은 가이오에게 평강을 기원하며, 친구들의 안부를 전한다. 마지막으로 가이오도 친구들에게 안부를 전해 달라고 부탁하며 편지를 마무리한다.

요한삼서 1장 13-14절을 적어보세요.

6. 절대 긍정, 절대 감사 Point

1) 영혼이 잘됨 같이

요한삼서는 영혼이 잘되는 것이 먼저임을 강조한다. 우리는 육체의 건강을 위해 식사를 하듯이 영의 양식인 하나님의 말씀을 매일 읽고 순종해야 한다. 그렇게 할 때 우리의 믿음은 하나님의 말씀에 절대 긍정할 수 있는 믿음으로 성장할 것이다.

영혼이 잘되기 위해서 실천할 내용을 적어보세요.

2) 선한 것을 본받으라

데메드리오처럼 하나님의 사랑을 받은 사람은 삶에서 선한 행실이 드러난다. 하나님의 사랑을 받는 우리는 그 은혜에 감사하며 모든 사람에게 예수님의 사랑을 전하고 하나님이 기뻐하시는 선한 삶을 살기 위해 힘써야 한다.

NOTE

하나님이 기뻐하시는 선한 삶을 살기 위해 실천할 수 있는 일 한 가지를 적어보세요.

7. 과제

1) 요한삼서를 공부하면서 가장 은혜받았던 성경 구절을 적어봅시다.

2) 요한삼서 강의를 통해 깨달은 점을 구체적으로 적어봅시다.

8. 장별 핵심 내용

NOTE

1:1-4 가이오가 진리 안에서 행함을 기뻐함

1:5-12 가이오에게 주어지는 권면, 디오드레베와 데메드리오

1:13-15 끝인사

유다서 *Jude*

"거짓에 흔들리지 말고, 진리 위에 굳게 서라"

NOTE

1. 들어가며

유다서는 예수님의 친동생이며 야고보의 형제였던 유다가 기록한 서신이다. 유다는 교회 안으로 침투하는 이단을 경계하면서 믿음의 도를 위하여 그들과 힘써 싸워 진리를 지키라고 권면한다.

2. 한눈에 보기

유다서는 교회에 침투한 거짓 교사들을 경고하며, 그들이 과거에 불순종한 자들처럼 하나님의 심판을 피할 수 없음을 밝힌다(1:3-16). 성도들에게는 말씀 위에 자신을 세우고 믿음을 지키며 자비로 이웃을 돌보라고 권면하고(1:17-23), 끝으로 하나님이 신실한 자들을 끝까지 붙드시고 구원의 길로 인도하실 것을 확신하며 서신을 마무리한다(1:24-25).

3. 중심 메시지

1) 거짓 교사의 위험: 유다서는 교회 내에서 악한 교훈을 퍼뜨리는 사람들의 위험성을 경고한다. 그들은 결국 하나님의 심판을 받게 될 것이다.

NOTE

2) 진리와 믿음을 지키는 삶: 성도들은 하나님의 말씀에 순종하며 경건한 삶을 살아야 한다. 또한 고난 속에서도 인내하며 끝까지 믿음을 지켜야 한다.

3) 하나님의 자비와 구원: 하나님은 성도들을 끝까지 지키시며 구원의 길로 인도하신다. 성도들은 자비로우신 하사님을 의지하며 믿음을 잃지 않고 하나님의 구원을 소망해야 한다.

4. 구조

구분	범위	주요 내용
거짓 교사에 대한 경고	1:1-16	소개와 권면, 과거의 불순종, 거짓 교사들에 대한 고발, 거짓 교사에 대한 심판
성도들에게 주는 권면	1:17-25	믿음을 지키는 성도의 삶

5. 내용 분석

1) 유다서 1:1-16 | 거짓 교사에 대한 경고

(1) 소개와 권면(1:1–4)

유다는 자신을 예수 그리스도의 종으로 소개하며, 성도들에게 하나님의 백성으로서 사랑과 의로움을 실천할 것을 강조한다. 당시 교회 안에 거짓 교사들이 침투하여 잘못된 가르침을 전했다. 이에 유다는 "믿음의 도를 위하여 힘써 싸우라"라고 강력하게 권면한다.

유다서 1장 3-4절을 적어보세요.

NOTE

(2) **과거의 불순종**(1:5-7)

하나님은 이스라엘 백성을 애굽에서 구원하시고 광야에서 보호하시고 인도하셨다. 그러나 그들은 끊임없이 하나님께 원망하고 불평하다가 멸망 당했다. 또한 하나님과 동등해지려 했던 악한 천사들이 심판을 받았고, 소돔과 고모라 사람들도 극한 죄로 말미암아 멸망 당했다. 유다는 성도들에게 이러한 악한 본을 따라 살지 말 것을 강하게 경고한다.

유다서 1장 5절을 적어보세요.

(3) **거짓 교사들에 대한 고발**(1:8-13)

유다는 교회 안에 들어온 거짓 교사들이 육체를 더럽히고 권위를 멸시하며, 속된 말로 진리를 왜곡하고 비방한다고 경고한다. 이들은 가인처럼 자기중심적이고, 발람처럼 이익을 좇으며, 고라처럼 교만하게 권위에 도전했던 자들과 같아서 결국 멸망에 이를 자들이다.

유다서 1장 10절을 적어보세요.

(4) **거짓 교사에 대한 심판**(1:14-16)

유다는 에녹의 예언을 인용하여 거짓 교사들이 하나님의 공의로운 심판을 피할 수 없음을 강조한다. 이들은 원망과 불평을 일삼고, 자신의 욕망을 따라 행하며, 이익을 위해 아첨하고 남을 비난한다.

NOTE

유다서 1장 16절을 적어보세요.

2) 유다서 1:17-25 | 성도들에게 주는 권면

유다는 성도들에게 사도들의 가르침을 기억하고, 마지막 때의 혼란 속에서도 믿음을 굳게 지킬 것을 권면한다. 성도는 성령 안에서 자신을 세우고, 하나님의 사랑 안에 거하며, 주 예수 그리스도의 긍휼을 바라는 삶을 살아야 한다. 또한 흔들리는 자를 긍휼히 여기며 진리를 떠나는 자들을 인내로 이끌어 돌아오게 해야 한다.

유다서 1장 20-21절을 적어보세요.

6. 절대 긍정, 절대 감사 Point

1) 말씀 안에 거하라

유다서는 거짓 교사들이 교회 안에 들어와 진리를 왜곡하고 혼란을 일으킬 것이라고 경고한다. 오늘날도 이단들이 교회에 침투하여 성도들을 미혹하려고 한다. 이럴 때일수록 우리는 진리의 말씀 안에 거하며, 어떤 상황에서도 하나님의 말씀을 신뢰하는 절대 긍정의 믿음으로 살아가야 한다.

NOTE

이단의 가르침에 미혹되지 않으려면 무엇을 해야 할지 적어보세요.

2) 말씀을 실천하라

유다서는 말씀이 삶의 열매로 나타나야 함을 강조한다. 우리는 원망, 불평, 교만, 육신의 욕망을 따르지 않고 절대 긍정의 자세로 하나님의 뜻에 온전히 순종하는 삶을 살아야 한다.

말씀에 순종하기 위해 무엇을 해야 할지 적어보세요.

7. 과제

1) 유다서를 공부하면서 가장 은혜받았던 성경 구절을 적어봅시다.

2) 유다서 강의를 통해 깨달은 점을 구체적으로 적어봅시다.

NOTE

NOTE

8. 장별 핵심 내용

1장 거짓 교사에 대한 경고와 성도들을 향한 권면

NOTE

한눈에 보는 신약 성경

VI. 예언서

요한계시록

요한계시록 *Revelation*

"아멘 주 예수여 오시옵소서!"

NOTE

1. 들어가며

요한계시록은 사도 요한이 주후 95년경 밧모섬에서 환상 중에 받은 계시를 기록한 것이다. 로마 황제의 박해 아래 있던 소아시아 일곱 교회에 보내진 이 서신은 예수 그리스도와 교회가 결국 승리한다는 메시지를 전하며 성도들에게 위로와 소망을 주기 위해 쓰였다.

2. 한눈에 보기

요한계시록은 다섯 부분으로 나눌 수 있다. 1장에서는 요한이 환상을 보고 그리스도의 계시를 받아 그것을 기록하라는 명령을 받는다. 2–3장에서는 소아시아 일곱 교회에 대한 칭찬과 경고의 메시지가 전해진다. 4–5장에서는 하늘 보좌의 환상을 기록하며, 6–19장에서는 7년 환난 시대를 중심으로 일곱 인, 일곱 나팔, 일곱 대접 심판 등이 묘사된다. 20–22장에서는 천년왕국과 최후 심판, 새 하늘과 새 땅의 창조가 예언된다.

3. 중심 메시지

NOTE

1) 하나님의 승리와 예수 그리스도의 재림: 역사의 주관자이신 하나님은 최종적으로 모든 악을 심판하시고 승리하신다. 예수 그리스도는 다시 오셔서 의로운 자들에게 영원한 생명을 주시고 악한 자들은 심판하시며, 하나님의 나라를 세우시고 만물을 새롭게 하실 것이다.

2) 하나님의 공의와 심판: 하나님은 각 사람의 행위에 따라 심판하시므로 끝까지 믿음을 지키며 의롭게 살아가야 한다. 또한 하나님은 신앙으로 인해 고난당하는 자들의 기도를 기억하시고 공의로운 심판으로 그들의 원수를 갚아주실 것이다.

3) 새 하늘과 새 땅, 영원한 구원: 이 땅에 완성될 하나님의 나라는 악과 고통이 사라지고 평화와 기쁨이 가득할 것이다. 새 예루살렘에서 하나님과 예수 그리스도가 친히 성전이 되시고, 성도들과 영원히 함께 거하시며 그들의 모든 눈물을 닦아주실 것이다. 이는 영원한 구원과 회복의 소망이 된다.

4. 구조

구분	범위	주요 내용
요한이 받은 계시	1장	예수 그리스도의 계시, 요한의 영적 체험
일곱 교회에 보내는 메시지	2-3장	일곱 교회에 보내는 메시지(에베소, 서머나, 버가모, 두아디라, 사데, 빌라델비아, 라오디게아)
하늘 보좌 환상	4-5장	하늘 보좌 환상, 일곱 인으로 봉한 두루마리
7년 환난 시대 - 전 3년 반	6-10장	여섯 개의 인과 144,000명의 인침, 일곱째 인과 여섯 나팔, 작은 책의 환상
7년 환난 시대 - 후 3년 반	11-19장	두 증인과 일곱째 나팔, 여자와 용과 두 짐승, 어린 양과 144,000명 및 심판 예언, 일곱 대접 심판과 바벨론의 멸망, 어린 양의 혼인 잔치와 예수 그리스도의 재림
천년왕국과 흰 보좌 심판 및 새 창조	20-22장	천년왕국과 흰 보좌 심판, 새 예루살렘과 결론 메시지

NOTE

5. 내용 분석

1) 요한계시록 1장 | 요한이 받은 계시

(1) 예수 그리스도의 계시(1:1–8)

요한이 전하는 것은 반드시 속히 일어날 일들을 알리기 위한 예수 그리스도의 계시다. 이 예언의 말씀을 듣고 지키는 자는 복이 있다. 예수 그리스도는 죽음과 부활을 통해 우리를 죄에서 해방하시고 하나님의 나라와 제사장으로 삼으셨으며, 반드시 다시 오실 것이다.

요한계시록 1장 1절을 적어보세요.

(2) 요한의 영적 체험(1:9–20)

요한은 성령에 감동되어 자신이 본 것을 일곱 교회에 써 보내라는 음성을 듣는다. 그는 환상 중에 일곱 금 촛대 사이에 계신 인자의 모습을 본다. 그분은 처음과 마지막이며 사망과 음부의 열쇠를 가진 예수 그리스도이시다. 예수 그리스도는 요한에게 그가 본 것과 지금 일어나고 있는 일과 장차 일어날 일들을 기록하라고 명령하신다.

요한계시록 1장 19절을 적어보세요.

2) 요한계시록 2-3장 | 일곱 교회에 보내는 메시지

NOTE

일곱 교회에 보내는 편지는 동일한 구조로 되어 있다. 먼저 수신자인 교회의 이름이 언급되고 예수 그리스도가 소개된다. 이어 칭찬과 책망, 권면이 따르며 들으라는 강력한 촉구와 함께 신실하게 믿음을 지키는 자들에 대한 약속이 나온다.

① 에베소교회(2:1-7)

에베소교회는 수고하고 인내했으나 처음 사랑을 버린 것에 대해 책망받는다. 회개하고 처음 행위를 회복하지 않으면 주님이 촛대를 옮기실 것이다. 그러나 이기는 자에게는 생명나무의 열매가 주어질 것이다.

② 서머나교회(2:8-11)

서머나교회는 환난과 궁핍 중에 있지만 실상은 부요한 자라는 칭찬을 받는다. 장차 고난을 받을 때 죽도록 충성하면 생명의 관을 받게 될 것이다.

③ 버가모교회(2:12-17)

버가모교회는 충성된 증인 안디바가 죽임을 당했음에도 믿음을 지켰다. 그러나 발람과 니골라당의 교훈을 따르는 자들로 인해 책망받고 회개를 촉구받는다. 이기는 자는 만나와 흰 돌을 받게 될 것이다.

④ 두아디라교회(2:18-29)

두아디라교회는 사랑과 믿음, 섬김과 인내로 칭찬받지만, 이세벨을 용납한 점에서 책망받는다. 이세벨은 성도들을 유혹하여 행음하게 하고 우상의 제물을 먹게 했다. 주님은 그들의 행위대로 갚으시고, 이기는 자와 주님의 일을 지키는 자에게는 만국을 다스리는 권세와 새벽 별을 주실 것이다.

⑤ 사데교회(3:1-6)

사데교회는 살아있다 하는 이름을 가졌으나 실상은 죽은 자라고 책망

NOTE

받는다. 하나님 앞에서 행위의 온전함을 찾을 수 없기 때문이다. 그러나 주님께 합당한 자는 흰옷을 입고 주님과 함께 다니게 될 것이다. 이기는 자는 그 이름이 생명책에 있고 주님이 그를 시인해 주신다.

⑥ 빌라델비아교회(3:7-13)

빌라델비아교회는 작은 능력으로도 주님의 말씀을 지키며 살아갔다. 그들은 면류관을 빼앗기지 않도록 계속해서 신앙을 지켜야 하며, 이기는 자는 하나님의 성전의 기둥이 되어 하나님의 이름과 새 예루살렘과 주님의 이름이 그 위에 기록될 것이다.

⑦ 라오디게아교회(3:14-22)

라오디게아교회는 미지근한 신앙 상태에 있다고 책망받는다. 그들은 자신이 부유하고 부족한 것이 없다고 생각하지만, 실상은 영적으로 가난하며 눈이 멀고 벌거벗은 상태이다. 이에 주님은 열심을 내고 회개할 것을 권면하며, 이기는 자는 주님의 보좌에 앉게 하겠다고 약속하신다.

요한계시록 3장 6절을 적어보세요.

....

....

3) 요한계시록 4-5장 | 하늘 보좌 환상

(1) 하늘 보좌 환상(4장)

요한은 하늘에 열린 문을 보고 "이리로 올라오라 이 후에 마땅히 일어날 일들을 내가 네게 보이리라"라는 음성을 듣는다. 그는 성령에 감동되어 하늘로 올라가 보좌에 앉으신 이를 본다. 보좌 둘레에 스물네 개의 보좌가 있고 그 위에는 흰 옷을 입고 머리에 금관을 쓴 이십사 장로가 앉아 있다. 보좌 가운데와 주위에 있는 네 생물과 이십사 장로들이 하나님께 경배하며 영광과 존귀와 감사를 돌린다.

NOTE

요한계시록 4장 11절을 적어보세요.

(2) 일곱 인으로 봉한 두루마리(5장)

보좌에 앉으신 이의 오른손에는 일곱 인으로 봉인된 두루마리가 있다. 한 천사가 누가 이 두루마리를 펴고 인을 떼기에 합당한 자인지 묻자 요한은 그럴 만한 이가 없어 눈물을 흘린다. 그때 장로 중 하나가 유대 지파의 사자 다윗의 뿌리가 일곱 인을 뗄 것이라고 말한다. 요한은 죽임을 당한 어린 양이 나아와 두루마리를 취하는 것을 본다. 이에 네 생물과 이십사 장로들이 새 노래로 찬양하며 하나님께 경배한다.

요한계시록 5장 13절을 적어보세요.

4) 요한계시록 6-10장 | 7년 환난 시대 - 전 3년 반

(1) 여섯 개의 인과 144,000명의 인침(6-7장)

어린양이 일곱 인 중 하나를 떼자 7년 환난이 시작된다. 각 인을 뗄 때마다 하나님의 심판이 전개되며, 전쟁, 기근, 죽음, 천재지변과 같은 일이 벌어진다. 그 후 이스라엘 자손의 각 지파 중 144,000명이 이마에 인침을 받으며 셀 수 없는 큰 무리가 하나님과 어린 양께 경배를 드린다.

NOTE

인 심판	심판 내용	세부 내용
첫째 인	흰 말과 그 탄 자	흰 말을 탄 자가 활을 들고 면류관을 받고 나아가 이김
둘째 인	붉은 말과 그 탄 자	붉은 말을 탄 자가 나와서 땅의 화평을 제하고 서로 죽이게 하며 그의 손에 큰 칼이 쥐어짐
셋째 인	검은 말과 그 탄 자	검은 말을 탄 자가 손에 저울을 가진 모습은 전쟁으로 인해 기근과 경제적 파탄이 다가올 것을 보여줌
넷째 인	청황색 말과 그 탄 자	청황색 말을 탄 자의 이름은 '사망'이고, 음부가 뒤따르며 그들에게 땅의 4분의 1을 칼과 기근, 사망과 땅의 짐승으로 죽일 권세가 주어짐
다섯째 인	순교한 자들의 기도	순교자들이 하나님께 원수 갚아 주시기를 기도하자 주님이 흰 두루마기를 주시며 그들의 숫자가 채워질 때까지 잠시 기다리도록 명하심
여섯째 인	천재지변	대지진이 발생하고 해는 검어지며, 달은 피같이 변하고, 별들이 하늘에서 떨어지자 사람들이 심판을 두려워하여 숨으려 함
일곱째 인	하늘의 침묵	하늘에 반 시간 동안 고요가 흐른 후, 일곱 나팔 심판을 위한 일곱 천사가 등장함(8장)

요한계시록 7장 4절을 적어보세요.

(2) 일곱째 인과 여섯 나팔(8–9장)

일곱째 인을 떼자 하나님 앞에 서 있는 일곱 천사가 일곱 나팔을 받는다. 또 다른 한 천사가 금향로에 성도들의 기도를 담아 보좌 앞 금 제단의 불을 담아 땅에 쏟으니 우레와 음성과 번개와 지진이 일어난다. 천사들이 나팔을 불자 하나님의 심판이 시행되지만, 재앙에서 살아남은 사람들은 여전히 회개하지 않는다.

NOTE

나팔 심판	심판 내용	세부 내용
첫째 나팔	땅의 3분의 1에 재앙이 임함	우박과 불이 섞여 땅과 수목의 3분의 1을 태움
둘째 나팔	바다의 3분의 1이 피로 변함	불붙은 큰 산과 같은 것이 바다에 떨어져 바다의 3분의 1이 피로 변하고 그 안에 있는 생물들이 죽음
셋째 나팔	물의 3분의 1이 쓴 물로 변함	하늘에서 떨어진 별이 강과 물샘에 떨어져 그 물이 쓴 물이 되어 많은 사람을 죽임
넷째 나팔	해, 달, 별의 3분의 1이 어두워짐	해, 달, 별의 3분의 1이 어두워지고 낮과 밤의 시간에 영향을 미침
다섯째 나팔	황충의 재앙이 임함	하늘에서 떨어진 존재가 무저갱을 열자 황충이 나와 하나님의 인침을 받지 않은 사람들을 5개월 동안 괴롭힘
여섯째 나팔	풀려난 네 천사	유브라데 강에 결박되어 있던 네 천사가 놓임을 받아 인류의 3분의 1을 죽임
일곱째 나팔	하나님 나라 선포와 최후 심판 시작	하늘에서 큰 음성이 울려 퍼지고, 세상 나라가 하나님과 그리스도의 나라가 되었음을 선포하며 하나님의 영원한 통치와 대접 심판의 시작을 알림(11장)

요한계시록 8장 3-4절을 적어보세요.

(3) 작은 책의 환상(10장)

요한은 천사가 내려와 작은 두루마리를 들고 외치는 것을 듣는다. 천사가 큰소리로 외치자 일곱 우레가 소리를 내어 말하고, 하늘에서 그 소리를 인봉하고 기록하지 말라는 명령이 들린다. 그 후 요한이 천사가 명하는 대로 두루마리를 먹자 입에서는 꿀처럼 달지만, 배에서는 쓴맛이 나며 그는 예언해야 할 사명을 부여받는다.

NOTE

요한계시록 10장 10절을 적어보세요.

5) 요한계시록 11-19장 | 7년 환난 시대 - 후 3년 반

(1) 두 증인과 일곱째 나팔(11장)

천시는 요한에게 성전을 측량하되 성전 바깥마당은 그대로 두라고 명한다. 성전 바깥마당이 이방인에게 짓밟히는 마흔두 달 동안 두 증인이 예언하고, 증언이 끝나면 무저갱에서 나온 짐승이 그들을 죽일 것이다. 그러나 그들은 삼일 반 후에 부활하여 하늘로 올라간다. 일곱째 천사가 나팔을 불자 하늘에 큰 음성이 나고 보좌 앞에 있던 이십사 장로가 하나님께 경배하자 하늘의 성전이 열리고 하나님의 언약궤가 보인다.

요한계시록 11장 15절을 적어보세요.

(2) 여자와 용과 두 짐승(12-13장)

머리에 열두 별의 관을 쓴 한 여자가 아이를 해산하자 용이 아이를 삼키려 한다. 여자는 광야로 도망하고, 미가엘과 그의 사자들이 용과 그의 사자들을 땅으로 내쫓는다. 용은 여자를 박해하고 그의 자손과 싸우려 한다. 이어 요한은 용에게 권세를 받은 한 짐승을 보는데, 그 짐승은 성도와 싸워 이겨 각 족속과 백성을 다스리는 권세를 받고, 생명책에 기록되지 못한 자들은 그에게 경배한다. 또 다른 짐승이 나타나 땅에 사는 자들을 미혹하고 표를 받게 한다.

요한계시록 12장 5절을 적어보세요.

(3) 어린 양과 144,000명 및 심판 예언(14장)

어린 양과 하나님의 인침을 받은 144,000명이 시온산에 서 있고 그들이 새 노래로 찬양한다. 이어 세 천사의 음성이 들리는데, 첫째 천사는 하나님께 영광을 돌리라고 선포하며 둘째 천사는 바벨론의 멸망을 외친다. 셋째 천사는 짐승의 표를 받은 자들의 고난을 경고한다. 인자 같은 이는 낫을 휘둘러 추수하고, 한 천사 또한 낫을 휘둘러 거둔 포도를 하나님의 진노의 틀에 던진다.

요한계시록 14장 12절을 적어보세요.

(4) 일곱 대접 심판과 바벨론의 멸망(15-18장)

하나님의 진노가 담긴 일곱 대접이 일곱 천사에 의해 차례로 땅과 바다, 해, 강, 짐승의 왕좌, 유브라데 강, 공중에 쏟아진다. 이 심판은 점점 더 격렬하고 직접적인 재앙으로 이어지지만, 사람들은 끝내 회개하지 않고 도리어 하나님을 비방한다. 마지막 대접이 쏟아질 때, 큰 성 바벨론(세상의 음란과 우상숭배의 중심지)이 무너지고 하나님의 심판이 완결된다. 땅의 왕들과 상인들은 바벨론의 몰락을 슬퍼하지만, 하늘과 성도들은 하나님의 공의가 드러남을 기뻐하며 찬양한다.

NOTE

대접 심판	심판 내용	세부 내용
첫째 대접	땅	짐승의 표를 받은 자들에게 악하고 독한 종기가 생김
둘째 대접	바다	바다가 죽은 자의 피처럼 변하고 모든 바다 생물이 죽음
셋째 대접	강과 물의 근원	강과 샘물이 피로 변하고 하나님의 심판의 공의로움이 인정됨
넷째 대접	해	해가 사람들을 태울 정도로 뜨거운 불로 타오르지만 사람들은 회개하지 않음
다섯째 대접	짐승의 왕좌	짐승의 나라가 어두워지고 사람들은 고통으로 혀를 깨물며 회개하지 않음
여섯째 대접	유브라데 강	강이 말라 동방 왕들의 길이 열리면서 아마겟돈 전쟁이 준비됨
일곱째 대접	공중	큰 지진, 큰 성 바벨론의 붕괴, 우박 등으로 하나님의 진노가 완성됨

요한계시록 18장 20절을 적어보세요.

(5) 어린 양의 혼인 잔치와 예수 그리스도의 재림(19장)

바벨론이 멸망하자 하늘에서 찬양이 울려 퍼지고 이십사 장로와 네 생물이 하나님께 경배한다. 어린 양의 혼인 잔치가 이르자 그의 신부는 성도들의 옳은 행실인 깨끗한 세마포 옷을 준비한다. 만왕의 왕이자 만주의 주가 되신 이가 백마를 타고 하늘 군대를 이끌어 만국을 치신다. 짐승과 거짓 선지자는 유황불 붙는 못에 던져진다.

요한계시록 19장 7절을 적어보세요.

6) 요한계시록 20-22장 | 천년왕국과 흰 보좌 심판 및 새 창조

NOTE

(1) 천년왕국과 흰 보좌 심판(20장)

천사가 사탄을 무저갱에 결박하고, 순교자들과 짐승의 표를 받지 않은 자들은 그리스도와 함께 천 년 동안 다스린다. 그 후 사탄이 나와 곡과 마곡을 미혹해 싸움을 벌이고 성도의 진과 성을 두르지만, 하늘에서 불이 내려와 그들을 태우고 마귀는 불 못에 던져진다. 요한이 보니 큰 흰 보좌와 그 위에 앉으신 이가 있으며 그 앞에 죽은 자들이 자기 행위대로 심판을 받고 생명책에 기록되지 못한 자는 불 못에 던져진다.

요한계시록 20장 6절을 적어보세요.

(2) 새 예루살렘과 결론 메시지(21-22장)

새 하늘과 새 땅에 거룩한 성 새 예루살렘이 내려오고 하나님이 사람들과 함께 계시며 모든 눈물을 닦아 주신다. 성은 각종 보석으로 아름답게 꾸며져 있고 하나님과 어린 양이 성전이 되신다. 하나님과 어린 양의 보좌에 생명수가 흐르고 강 좌우에 생명나무가 있어 열두 가지 열매를 맺는다. 주님은 각 사람이 행한 대로 갚으실 것이며 누구든지 이 예언의 말씀을 가감해서는 안 된다. 주님은 진실로 속히 오실 것이다.

요한계시록 22장 20절을 적어보세요.

NOTE

6. 절대 긍정, 절대 감사 Point

1) 절대 긍정의 믿음으로 고난을 이겨내는 삶

요한계시록은 고난과 박해 속에서도 신앙을 지키고 끝까지 인내할 것을 강조한다. 다시 오실 예수 그리스도는 악을 심판하시고 인내하며 믿음을 지킨 자들에게 승리를 주시고 영원한 생명을 얻게 하실 것이다. 그러므로 우리는 신앙으로 인해 고난을 겪을지라도 다시 오실 주님을 향한 절대 긍정의 믿음을 가지고 끝까지 충성해야 한다.

신앙으로 인해 고난을 겪을 때 어떻게 이겨낼 수 있을지 적어보세요.

2) 절대 감사로 종말을 준비하는 삶

주님은 마지막 때에 새 하늘과 새 땅을 허락하시고 우리와 함께하시며 모든 눈물을 닦아주실 것이다. 또한 이기는 자들에게 생명수 샘물을 값없이 주실 것이라고 약속하신다. 우리는 그 약속을 붙들고 절대 감사의 마음으로 종말의 날을 바라보며, 성령의 인도하심을 따라 거룩하게 살아감으로써 주님의 재림을 기쁨으로 맞이해야 한다.

그리스도의 재림을 준비하기 위해 나의 삶에 어떤 변화가 필요할지 적어보세요.

7. 과제

1) 요한계시록을 공부하면서 가장 은혜받았던 성경 구절을 적어봅시다.

2) 요한계시록 강의를 통해 깨달은 점을 구체적으로 적어봅시다.

NOTE

NOTE

8. 장별 핵심 내용

1장 요한이 받은 계시

1장 예수 그리스도의 계시와 요한의 영적 체험

2-3장 일곱 교회에 보내는 메시지

2장 에베소교회, 서머나교회, 버가모교회, 두아디라교회

3장 사데교회, 빌라델비아교회, 라오디게아교회

4-5장 하늘 보좌와 어린 양의 찬양

4장 하나님의 보좌와 영광의 환상

5장 일곱 인으로 봉인된 두루마리를 받는 어린 양

6-10장 7년 환난 시대 - 전 3년 반

6장 여섯 개의 인 심판

7장 십사만 사천 명의 인침과 흰옷 입은 무리

8장 일곱째 인과 네 개의 나팔 심판 시작

9장 다섯째, 여섯째 나팔 심판

10장 작은 책을 먹는 요한, 그의 사명

11-19장 7년 환난 시대 - 후 3년 반

11장 두 증인의 사역과 일곱째 나팔

12장 여자를 박해하는 용

13장 두 짐승의 등장과 표

14장 어린 양과 십사만 사천 명, 세 천사의 경고와 추수의 비유

15장 일곱 대접 심판 준비

16장 일곱 대접 심판 실행

17장 큰 음녀 바벨론의 정체

18장 바벨론의 멸망

19장 어린 양의 혼인 잔치와 예수 그리스도의 재림

20-22장 천년왕국과 흰 보좌 심판 및 새 창조

20장 천년왕국과 흰 보좌 심판

21장 새 하늘과 새 땅, 새 예루살렘

22장 새 예루살렘의 완성과 재림 약속

NOTE

한눈에 보는 신약 성경

부록

예수님 시대의 팔레스틴

바울의 1차 선교 여행

바울의 2차 선교 여행

바울의 3차 선교 여행

로마를 향한 바울의 여정

사도행전 역사 도표

부록 1

예수님 시대의 팔레스틴

부록 2

바울의 1차 선교 여행

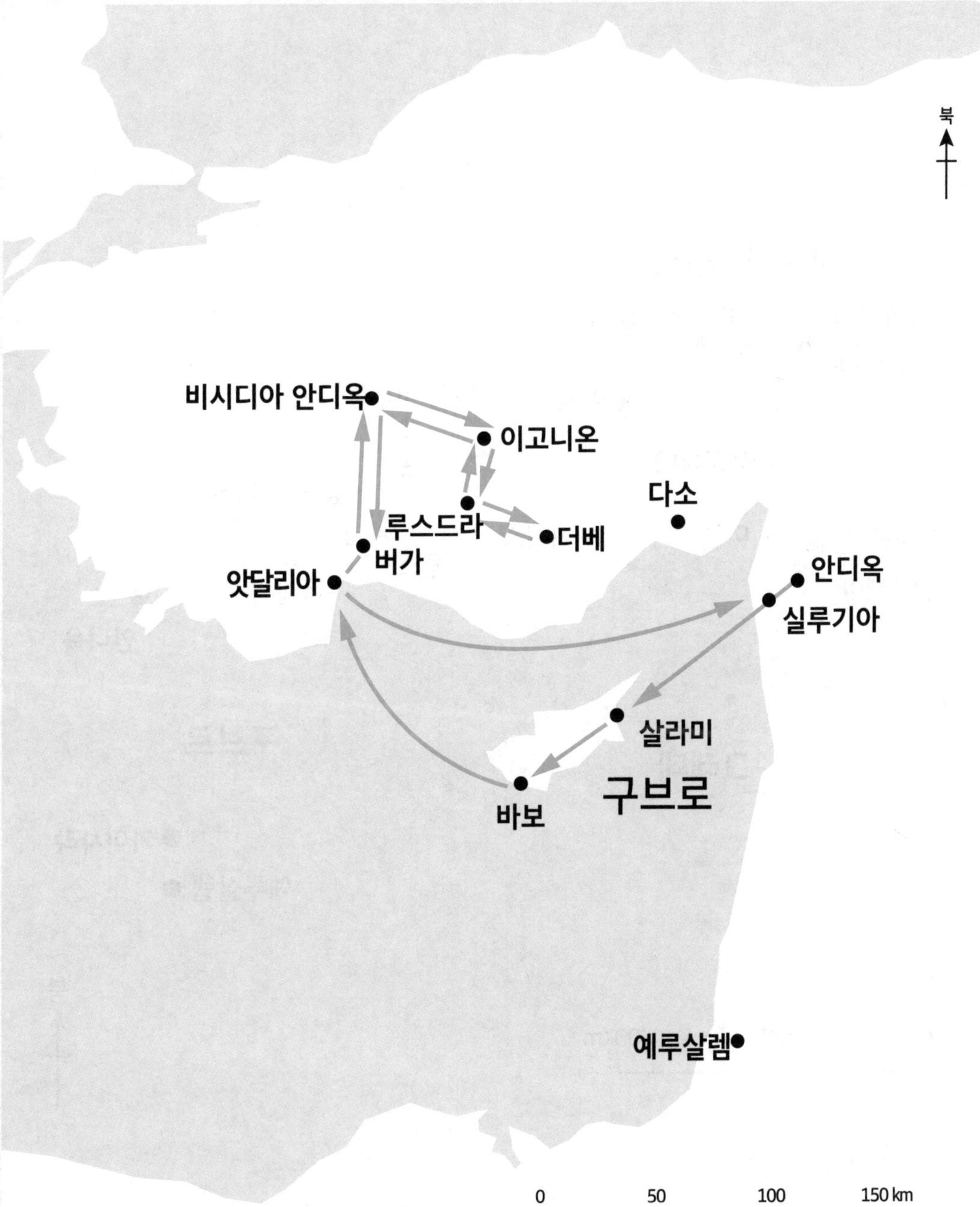

부록 3

바울의 2차 선교 여행

부록 4

바울의 3차 선교 여행

부록 5

로마를 향한 바울의 여정

부록 6

사도행전 역사 도표

주후	
30년경	그리스도의 부활과 승천, 오순절 역사(1-2장)
33년경	스데반의 죽음과 바울의 회심(7-9장)
35년경	바울이 예루살렘을 방문함(9:26)
35-45년경	다소에서의 바울(9:30)
37년	가이오(칼리굴라)가 디베료를 계승해 로마 황제가 됨
41년	글라우디오가 가이오를 계승함(11:28; 18:2)
41년경	고넬료의 회심(10장)
41-44년	유대의 왕 헤롯 아그립바
43-44년	헤롯 아그립바의 교회 핍박(12장)
45-46년	바울이 안디옥에서 바나바와 합류함(11:25-26)
46년	바나바와 바울이 이방 그리스도인들의 구제 연보를 가지고 예루살렘을 방문함(11:30)
47-48년	구브로와 소아시아 중부에서의 바울과 바나바(13-14장)
47-58년	예루살렘의 대제사장 아나니아(23:2)
49년	예루살렘 공의회(15장)
	유대인들이 로마에서 추방당함(18:2)
49-50년	바울과 실라가 안디옥에서 유럽으로 여행함(15-17장)
50-52년	고린도에서의 바울(18장)
51-52년	아가야 지방의 총독 갈리오(18:12)
52-59년	유대 총독 벨릭스(23:24)
52-55년	에베소에서의 바울(19장)
54년	네로가 글라우디오를 계승하여 로마 황제가 됨
55-57년	마게도냐, 일루리곤, 헬라에서의 바울(20:1-2; 롬 15:19)
57년	바울의 마지막 예루살렘 방문 - 체포와 투옥(21-26장)
59-61년	유대 총독 베스도(24:27)
59년	바울이 가이사에게 호소함(25:11)
59-60년	바울의 로마 여행(27:1-28:16)
60-62년	로마에서의 바울(28:17-31)
64년	로마시의 대화재 사건
65년경	바울과 베드로가 로마에서 순교함

한눈에 보는
신약 성경

이영훈 지음

초판 1쇄 발행 2025년 6월 19일
초판 2쇄 발행 2026년 2월 24일

발 행 인　이영훈
발 행 처　서울말씀사

출판등록　제2016-000172호
주　　소　서울시 영등포구 은행로 55, 5층
전　　화　02-846-9222
팩　　스　02-846-9225

ISBN 978-89-8434-915-5

*책값은 뒤표지에 있습니다.